知識鴻溝理論 ✕ 沉默螺旋 ✕ 媒介依賴 ✕ 受眾分析 ✕ 5W 模式

傳播學
哪有這麼大眾

十六位傳播學大師來「放送」！

Robert Park

U0075130

梁萍・著

手機成癮問題無解？專家：必然趨勢，而且會越來越依賴！

打仗不只靠武力，還靠輿論攻擊……一戰、二戰、唇槍舌戰！

演算法推薦給你的資訊是量身訂做還是統一發送？

媒體識讀能力、大眾傳媒責任、個體之於輿論、文化與表徵……

★ 最權威的傳播學大師來「解碼」！ ★

目錄

目錄

目錄

目錄

序言

　　傳播學是一門研究傳播與交流過程的學科，從這一概念延伸開來，其包含的意義是非常廣泛的。無論是個體傳播者間的訊息交流，還是通訊、媒介方面的內容，都屬於傳播學研究的範圍。

　　從古代的飛鴿傳書、烽火狼煙，到現代的無線電話、網際網路，人類的通訊方式一直在改變，但傳播的本質屬性卻沒有變化。通訊技術的發展擴展了傳播學研究的理論和內容，此前人們在研究傳播效果時，所立足的基礎是報刊和電視媒介，而現在再來研究傳播，網際網路和行動裝置已經成為最主要的研究對象。

　　傳播的過程從人類誕生之初便已有之，原始社會的人們可以借助肢體、語言和眼神來交流訊息，伴隨著語言符號的出現，傳播的具體形式也隨之發生改變。而傳播正式成為一門學科，則是從 20 世紀的美國開始的。在一九四十、五十年代，傳播學正式成為一門新的學科。

　　由於傳播是人的一種基本社會功能，所以那些研究人與人之間關係的學科，都或多或少地與傳播學存在一定的關聯。所以我們可以看到，那些鼎鼎大名的社會學家在傳播學領域也建樹非凡，許多心理學研究者對傳播學領域的受眾研究也樂此不疲。

　　這樣看來，傳播學似乎處在一個多種學科的交叉點上，各種學科的理論都可以為傳播學所用。在此基礎上，在眾多理論研究者的共同努力下，傳播學也產生了許多自身獨有的理論，這些理論豐富並完善了傳播學的學科體系，使傳播學成為其他社會學科無法替代的存在。

　　傳播學理論和傳播學的理論研究者正是我們在這本書中要重點介紹的內容。作為一本傳播學入門圖書，在內容架構上，我們立足於理論介紹的

寬度和廣度，而在理論深度上進行了一些取捨。傳播學主要對大眾傳播、組織傳播、人際傳播等內容進行研究，不同的理論研究者對這些內容有不同的闡述，在本書中，我們所呈現的就是傳播學大師們的理論內容。

在內容呈現形式上，我們選擇讓大師們「自己來說」，在闡述自己理論的同時，大師們還會結合當前社會現實進行例證分析。這種例證和理論的結合會讓每一節課變得更為有趣，也可以讓讀者更好地將傳播學理論與現實事件相連繫。理論學習的目的是指導實踐，這也是本書寫作的初衷之一。

想要用一本書將傳播學所有重要理論囊括其中並解釋透徹，顯然是不現實的，因此我們主要選取了十六位大師，並節選了他們的一些代表性理論。為了滿足讀者獲取更多傳播學理論的需要，在每位大師的課程中，都會有相應的內容介紹，讀者可以透過介紹了解大師們所講述的具體理論，從而進一步了解大師們的完整理論架構。

當然，將這些大師們的理論精華融匯在一本書中，用深入淺出的方法講述給讀者，並不是一件容易的事情。在寫作過程中，由於作者個人能力所限，可能會存在一些疏忽和錯誤，希望讀者多多指正。

引言

　　新學期，新氣象，對於這一屆新聞傳播學系的新生來說，一個最大的變化在於他們的傳播學課程不再由專業教師授課，轉而採用智慧互動式課堂教學。簡單來說，學生們可以透過智能穿戴設備，與那些歷史上的傳播學大師互動交流，聆聽大師們的精彩講述。

　　對於陰差陽錯進入新聞傳播學系的馬鵬偉來說，保證學分不被當是基本的底線也是目標，底線意味著堅絕不能被當的決心，而目標則意味著想不被當還需要很大努力。這種異常複雜的情況，讓他既想自由地享受大學時光，也時刻告誡自己，必要的課程還是要認真學習的。

　　對於新聞傳播學系的必修課「傳播學概論」，馬鵬偉並沒有太大興趣，只是對新學期的教學方式頗感新奇。與他正相反，他的女朋友盧方娜卻對傳播學情有獨鍾，被分發到圖書館學系的她不僅對傳播學新的教學方式感興趣，更對它的諸多理論如數家珍。

　　盧方娜對圖書館學系的課程內容提不起一絲興趣，反而對新聞傳播學系的課程內容特別好奇。她既以成為新聞主播為目標，也有要進入傳媒行業的決心，目標意味著需要付出極大努力，而決心則是她當前為未來定下的唯一方向。

　　她的第一步計畫是轉系，而想要做到這一點就要首先將本系的課程學好，拿到足夠優秀的成績後，才能去申請轉系。在學習本系課程的同時，盧方娜還打算去學習一下傳播學課程內容。這樣一來，即便馬鵬偉不想去上課，也只得在女友的「威懾」下，乖乖去陪讀。

　　可能是出於對新型 AI 設備的好奇，也可能是出於對傳播學大師們的好奇，大一新生正式上課的第一天，智能互動課堂外就擠滿了學生。由於

學生們的踴躍報名，在必修課之外，學校還開通了這門課程的選修課，所有報名的學生，都有機會參與到這一課堂之中。

由於被安排在第一堂課，盧方娜和馬鵬偉早早來到課堂外等候。在給維持秩序的老師看過學生證完成簽到後，兩人迅速進入教室找到一個相鄰的座位坐好。

在每個座位旁邊都配置有一套頭戴式 AI 設備，內置 AR 眼鏡、耳麥和麥克風功能，使用者佩戴後可以看到可視化影像，並能夠與之交流互動。教室內的所有設備連接在一個統一的終端上，所以大家看到的影像也是統一的。

在教室內坐滿人後，課堂外面的學生們依然不願離去，就這樣，新學期的第一堂傳播學課開始了。

第一章

韋爾伯·施拉姆導師講「大眾傳播」

在本章中，韋爾伯·施拉姆導師將帶大家走入大眾傳播學的大門，身
為傳播學理論的集大成者，施拉姆導師將從大眾傳播的概念、途徑、
潛在效果和媒體責任等角度展開自己的課程。

韋爾伯‧施拉姆

　　（Wilbur Schramm，1907 年 8 月 5 日至 1987 年 12 月 27 日），美國著名傳播學者。其一生著述頗豐，編寫了近 30 部理論著述，他不僅是美國傳播學的主要奠基人，同時也是傳播學領域的集大成者，被譽為「傳播學之父」。

　　他建立了第一個大學的傳播學研究機構，編撰了第一本傳播學教材，同時也是第一個獲得傳播學教授頭銜的人。身為畢生致力於研究傳播學的學者，施拉姆對傳播學這一學科的建立做出了重大貢獻。

第一節　走入大眾傳播之門

　　在學生們都穿戴好設備，安靜就位後，一位英俊帥氣的年輕男子走入大家的視野。對於稍有些傳播學知識的人來說，男子的面孔並不陌生，他正是傳播學學科的主要奠基人韋爾伯‧施拉姆教授。著述頗豐的他將會在接下來的四節課中，為大家講解他對傳播的看法和認知。

　　「大家好，很高興在這裡與大家相遇。身為為大家講述第一堂傳播學課程的導師，我很榮幸，同時也有些困擾。我有很多傳播學的知識想要與大家分享，但鑑於時間有限，我只能略作篩選。由於是大家的第一堂傳播學課程，在這裡我主要為大家講解一些大眾傳播的入門內容。」施拉姆導師略顯拘謹地說道，「現在，我想先問大家一個問題，當我們在使用『傳播』這個詞時，我們說的究竟是什麼？」

　　大多數傳播學課程在最初可能都會講解這一內容，但想要精準定義「傳播」這一概念，其實並不容易。至少從傳播學歷史發展的進程來看，許多傳播學大師都給傳播下過定義，我們無法確定哪些定義是對的，哪些

定義是錯的，似乎哪一個都能自圓其說，所以施拉姆導師所提問題的答案也是開放性的，並沒有什麼標準答案。

聽到施拉姆導師的提問，許多同學舉手示意要回答問題，施拉姆導師選擇了一個胖胖的同學。

「我覺得傳播與傳遞很相似，只不過傳遞可能更注重物質實體，而傳播更偏重於訊息之類的內容。從這個角度來看，研究傳播應該主要研究訊息是如何在人與人之間傳播的，在傳播過程中這些資訊發生了哪些變化，資訊的傳播造成了哪些結果等內容。」胖胖的李文文胸有成竹地說道。

在李文文之後，還有一些同學說出了自己的答案，施拉姆導師一一給予了評論，在一番討論後，施拉姆導師不再讓同學分享，開始了自己的講述。

「在大家給出的眾多答案中，我對於第一位同學的答案印象比較深刻，我認為傳播是分享資訊，這是一種關係，也是一種分享的活動，而不是一個人對另一個人施加的行為。簡單來說，傳播應該是雙向的。

社會學家查爾斯・庫利認為，傳播是人類關係賴以存在和發展的機制，是一切智慧的象徵，以及透過空間傳達和透過時間保存它們的方式。我較為認可這一觀點，我認為傳播應該是對一組訊息符號意向的分享。

社會是各種關係的綜合，在這些關係中，有一些訊息是相互共享的。人類傳播是人所進行的某些事情，這些事情本身並沒有什麼特別的，是傳播關係中的人讓它們產生了意義。訊息本身也沒有意義，賦予它們意義的是人類。因此我們在研究傳播時，也需要去研究人，去研究人與人的關係。想要了解人類傳播，就要了解人類是如何建立起連結的。

兩個或兩個以上的人聚在一起，他們想要去分享某種資訊，由於他們的生活經驗和閱歷不同，他們所攜帶的訊息符碼也會有所不同。反過來，他們在理解彼此的資訊時，也可能會有所不同。尤其是處於不同文化語境中的人們，在理解彼此分享的資訊時，顯然會出現不小的麻煩。

當然，傳播並不都是依靠語言來進行的，上面我們所說的訊息也不只有話語，一個手勢、一種面部表情、一種聲音的語調、一個號誌，這些都蘊含著資訊。我們在理解傳播時，需要將其置於一定的社會關係之中，在使用和解析訊息時，需要借助這種社會關係。其中最典型的傳播形式就是傳播者和接受者的雙向關係。

　　在這種雙向關係中，傳播者和接受者被社會環境聯結在一起，同時也被他們個人的知識和價值觀的共識部分所連繫，只有在這種關係中，他們才能夠共享訊息。」施拉姆導師似乎是口乾了，說到一半突然停了下來。

　　上面所講的這些內容，主要是施拉姆導師對「傳播的循環模式」理論的闡述，其所強調的主要是社會傳播具有互動性，傳播雙方都是傳播行為的主體。但仔細來看，這一理論缺少對傳播者和接受者地位差別的分析。在很多傳播過程中，傳播者與接受者的地位實際上是不相同的，所以這一理論並不適合大眾傳播過程。基於這一點，施拉姆導師又提出了一個新的傳播過程模式，即大眾傳播過程模式。

　　「上面我講到的內容可能偏離了本節課的主題，但作為一個基礎知識的鋪墊，大家也有必要了解一下，現在我們開始正式進入大眾傳播內容的講解。大眾報刊的出現可以看作近代大眾傳播出現的徵兆，自此之後，越來越多新的媒介形式出現，開始豐富並發展大眾傳播的內容。

　　從定義上看，大眾傳播被認為是專業化的媒介組織使用先進的傳播技術和產業手段，以社會上的一般大眾為傳播對象，進行的資訊生產和傳播活動。對此，我總結了一種大眾傳播的過程模式，這一傳播過程模式主要包含以下幾方面內容。

　　第一，當大眾傳播媒介在接收到訊息源所發出的訊息後，需要經歷譯碼者、釋碼者和編碼者的加工和整理，隨後這些訊息才會變成可以被傳播的符號或資訊。新聞的採編播過程所完成的正是這一工作。

　　第二，訊息的接受者大多屬於一定的社會群體，他們在接受和傳播這些資訊時，往往會受到群體成員的影響。在這一傳播過程中，訊息傳播是雙向的，每一個接受者同時也是一個傳播者。

　　第三，訊息在群體中傳播時，往往會經過個體化的解釋和加工。而當資訊接受者們接到訊息後，也往往會給傳播者發出相應的反饋訊息。這一點放在現在很好理解，當我們向朋友轉述資訊時，很少會原封不動地敘述訊息內容，而多會或多或少地加入自己有感情的敘述。

　　第四，在傳播過程中，傳播者和接受者都扮演著譯碼、釋碼和編碼者的角色。這一點結合前面我所將講的傳播過程是雙向的、相互聯結的會更好理解（如圖 1-1 所示）。

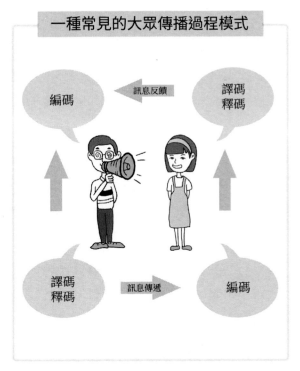

圖 1-1 大眾傳播過程模式

上面的這些論述就是我所總結的大眾傳播過程模式，在這一傳播過程模式中，訊息的傳播者和接受者是可以相互轉化的，這是較為重要的一點。」短暫停頓後，施拉姆導師又展開了一大段論述。

　　聽著施拉姆導師的精彩講述，課堂上的同學們都若有所思，但又似乎都沒弄明白大眾傳播究竟是怎樣一回事。

　　「我可以將您所介紹的大眾傳播過程模式理解為在串流平臺上看電影，同時還不停在留言區發表自己的看法嗎？理解了這一點對我們有什麼作用呢？」一位瘦高的男同學舉手示意，提出了自己的疑惑。

　　「在進行判斷之前，你需要從上面我提到的幾方面內容去著手考慮。你提到這個行為中有社會媒介，有訊息的傳播者和接受者，存在訊息的反饋，這正是一個大眾傳播的過程。而你若問這種大眾傳播對你個人有什麼作用，我覺得可以這樣來理解。」施拉姆導師說完這段話停頓了片刻，然後又開始繼續說道。

　　「我們可以將大眾傳播作為個人的雷達，既可以從中觀察有什麼新鮮事物出現，也可以去尋求與周圍的社會關係產生關聯。它還可以作為我們自己的管理工具，幫助我們做出決定，也可以用來說服和操縱別人。反過來，它也可以作為別人說服和操縱我們的工具，這一點是我們必須要認清的。很多時候，社會媒介所釋放出的信號，在潛移默化地塑造我們，影響我們，長此以往我們都將成為他們期待的樣子。

　　當然，我們還可以從傳播過程中獲得大量的娛樂享受，在影片網站上看電影，無疑是一個不錯的娛樂享受。這是大多數時刻我們可以感知到的傳播的功能，絕大多數人都對這一點樂此不疲，這看上去很不錯，但依我來看並不太好。」

解答完學生的問題，施拉姆導師結束了自己的第一堂課。在這堂課中，施拉姆導師介紹了傳播的循環模式以及大眾傳播過程模式，同時還對傳播應用於個人的功能進行了簡要論述，其內容可謂豐富。但從下課後學生們的交流和表情來看，大家似乎更多將注意力放在了先進的 AI 設備上。

第二節　傳播途徑：誰和誰談話

「在上一堂課中，我主要介紹了一些傳播學的入門內容，由於時間有限，各個理論都沒有太過深入地探討。所以從這堂課開始，我們只圍繞一個傳播理論來展開討論，同學們如果有問題，也可以多多提問交流。」施拉姆導師可能是意識到了上一節課中理論介紹過多，深度講解不足的問題，打算在這一堂課中對某個理論進行詳細講解。

這對於想與施拉姆導師探討交流的盧方娜來說，自然是得償所願，從她的表情裡就能看出這一點。而對於馬鵬偉來說，這似乎並沒什麼太大的意義，他依然認為只要守住自己的底線就好。

「這一節課我們主要來講傳播途徑的問題，在正式開講之前，大家先拿出紙和筆，盡可能多地寫出從小到大與你有關的人的名字。大家有五分鐘時間來完成這一工作。」施拉姆導師要求道。

雖然對施拉姆導師的要求感到不解，但學生們依然按照導師的要求認真寫了起來。當然，認真的人中並不包括馬鵬偉，從上帝視角來看，他正在一遍又一遍地寫著女友的名字，他可能打算寫滿五分鐘時間，或寫滿整張紙為止。

「好！時間到了，大家可以停下手中的筆了。現在請大家仔細觀察紙上的內容，這是不是可以看作一張我們自己平生經歷的關係圖？大家在每一個曾經居住、學習和工作的地方，都記下了一個又一個名字。在大家居

住時間最長的地方，在與大家最重要的關係方面，大家記住的名字最多，也最清晰。而在停留時間較短，相隔較遠的地方，我們記住的名字也會相對較少。

毫無疑問，家中親屬的名字應該都會出現在大家的名單中。剩下的應該還會有鄰居、同學、老師的名字。在這五分鐘時間裡，大家應該寫下了不少名字，如果時間繼續延長，大家的名單一定會列得更長，但即使在單子上寫下幾百個名字，也依然會有所遺漏。還有數以百計的人曾與大家有過交流，但他們的名字，卻早已被忘記。」說到這裡，施拉姆導師有意停頓了片刻。

這難道是傳播途徑帶來的影響？是否可以引申為我們對不同傳播途徑中獲得的資訊的記憶程度是有限的，然後透過選擇傳播途徑加深對資訊的記憶能力？這是一種新的記憶方法嗎？一系列天馬行空的疑問在盧方娜腦海中湧現，她似乎已經跳出課堂，她的思緒飄到了很遠的遠方。

「不知道大家有沒有將自己的姓名寫在紙上，我們在一些時候也會自言自語，與自己交流，這也是一種傳播活動。很多時候，這種傳播活動恰恰是我們的經歷中占據時間最多的一種。由此可見，我們可以透過名單上的姓名，輕鬆勾畫出自己的傳播聯繫圖。

我們會與自己交流，與親人交流，與同事交流，與只有一面之緣的人交流，這些都是我們的傳播連繫。由於個體的獨特性，每個人的傳播連繫方式也會有所不同，有的人喜歡經常與鄰居交流，有的人則鮮少會與鄰居說上一句話。」施拉姆導師提出了一個有趣的觀點。

「老師，傳播連繫方式是不是就是我們的傳播途徑，了解這些傳播途徑對我們來說有什麼用呢？」盧方娜按捺不住內心的疑惑，提出了自己的問題。

「如果按照循序漸進的講述方法，在解答妳這個問題前，我們還有至少兩個問題要講。既然妳提出了這個問題，而我們又確實沒有時間講述過多的內容，那麼我就直接來解答妳這個問題，同時為大家講述一些實用性的內容。

以我們為中心，可以構築起一個複雜的傳播連繫網路，我們的所有傳播活動都需要透過這些網路線路來進行。最近的線路往往通向與自己最親近的人，而更遠的線路如手機、網際網路，可以讓我們的傳播活動通向更遠的地方（如圖 1-2 所示）。

圖 1-2 大眾傳播網絡

如果仔細整理這些傳播連繫網絡，我們可以將其分為每天均衡有度的訊息交流，和一些不定時發生的特殊訊息交流。前一種訊息交流包括每天與人打招呼問好、向主管匯報工作、觀看新聞聯播等內容，而後一種訊息交流更多的是遇到一些突發事件所觸發的某些特殊活動。

關於這種突發事件所帶來的某些特殊活動，同學們是否能舉出一些例子？」正在有條不紊地敘述的施拉姆導師突然發問，原本安靜的課堂剎那間寂靜無聲了。

「如果現在課堂中我旁邊的同學不停地咳嗽，嚴重到被救護車拉走，教室中的同學便都會去關切地詢問他的情況，即使之前這個人並沒有存在感，大家也很少與他打招呼。如果醫生說這位同學的咳嗽是一種傳染性疾病，那大家除了關心他之外，可能還會去醫院為自己做一次檢查，這應該算是突發事件帶來的特殊傳播活動的影響。」馬鵬偉的回答雖然遭到了身邊同學的白眼，卻得到了施拉姆導師的讚揚。

「沒錯，傳播活動就是這樣，它會沿著傳播連繫網路流向各種地方，而這位同學則揭示了它可以預告危險來臨的作用。順著這個例子，我們可以將傳播途徑分成兩種形式：

一種是為了維持社會一般基準功能所需的形式。

一種則是應對社會挑戰和嚴重問題所需的形式。

我們生活在傳播的海洋之中，可以從中獲取自身生存所需的訊息，但同時訊息傳播過量也會為我們帶來不少困擾。睡覺時不停響起的訊息提醒，工作時不斷傳來的文件信函，這些過量的訊息傳播會讓我們感到不舒服。反過來，過少的訊息傳播也會讓我們感到不適，因為這樣我們就沒法與外界產生連繫。

在大多數情況下，我們會根據自身的需求去選擇訊息傳播途徑，這種需求可能是習慣、方便或出於某種巧合。從現在來看，如果大家想要聽幾首最新音樂，很少有人會再將磁帶放入播放器中，而是打開手機在特定軟體中搜尋即可。在選擇這種傳播途徑時，大家既考慮了傳播的媒介，也考慮了傳播的訊息內容。」施拉姆導師繼續說道。

　　「老師，把這個結論放在個人身上，是不是就是說每個人都要根據個人的需求去選擇傳播途徑，而選擇不同的傳播途徑會產生不同的效果呢？」盧方娜似乎理解了施拉姆導師所講的內容，並提出了自己的觀點。

　　「妳這樣說並沒有錯，舉個例子來說，我現在生病了，肚子疼得厲害，如果我想知道自己得的是什麼病，那去醫院詢問醫生無疑是最佳途徑。當然我可以選擇的途徑有很多，借助於發達的科技，我可以透過手機來搜尋病症，透過醫學書來查找病狀，或者在網路上直接諮詢醫生。但在眾多途徑中，親自到醫院讓醫生診察一下，無疑是最好的選擇。

　　當然，傳播途徑是否容易獲得還需要考慮諸多因素。在上面的例子中，如果我居住在深山之中，方圓百里沒有醫院，手機也沒有訊號，那透過醫書來查找病狀無疑是最好的選擇。因為其他途徑在這裡都是無法實現的。」施拉姆導師回應道。

　　「老師，按照您的這一理論，如果我想要向女同學表白，需要選擇哪種途徑呢？」馬鵬偉找準時機在施拉姆導師繼續講述之前提出了這個問題。施拉姆導師面帶微笑地看著馬鵬偉，課堂中的同學則一臉壞笑地將目光投射在他的身上。

　　「你這個問題並不難回答，向女同學表白的途徑有很多，至於要選擇哪種途徑，這完全取決於你的需求。正如我前面說的一樣，你需要根據自己的需求去選擇傳播途徑。表白可選擇的途徑多種多樣，但如果你要求婚的話，我建議還是面對面的最好，而且還要在最有利的情況下去面對面地談。這是理論精華，也是經驗之談。」施拉姆導師的回答讓課堂之中充滿了學生的歡笑。待大家安靜下來之後，他繼續開始了自己的講述。

　　「其實有很多因素都在影響人們對訊息途徑的選擇，有的人是因為客觀條件、經濟原因所限，有的人則是出於傳統文化的制約。訊息傳播途徑越多，人們就越容易獲得更多訊息，這也是各種媒體不斷更迭發展的原因。

在未來，毫無疑問我們將更容易選擇訊息傳播途徑，但在這之前，我希望在座的各位能夠對不同途徑中訊息的真實性多做考量。訊息傳播途徑會不斷增多，但訊息的真實性會因之而增加嗎？這個問題作為課後思考題，還請大家多多思考。」

第三節　如何讓受眾點擊你的文章

馬鵬偉寧可被點名，也不想去上每天的第一節課，但盧方娜的「叫起服務」是他不敢拒絕的。在聽了兩節施拉姆導師的傳播學課程之後，馬鵬偉依然沒有提起對傳播學的興趣，但既然答應了女朋友一起去上課，他只得迅速起床，飛奔向課堂。

這一次施拉姆導師要講的內容是「如何讓受眾多點擊你的文章」，這是知識付費平臺最常見的標題，如果想要賣課，直接戳中受眾痛點是最好的營銷方式。

「我在研究過程中發現，有一些因素對受眾選擇大眾傳播節目具有決定性的影響，它們與受眾選擇存在著一定的關係，我將其總結為『選擇的或然率＝報償的保證／費力的程度』。

透過這個公式，我們可以看出影響受眾訊息選擇的決定性因素有哪些。這裡的『報償的保證』是指傳播內容滿足選擇者需求的程度，而『費力的程度』則是指得到這些內容和使用傳播途徑的難易狀況。」施拉姆導師又開始了一本正經的理論講述。

馬鵬偉不喜歡這種理論教育，不但缺乏實用性，還徒增考試重點，於是他高高舉起雙手，待導師許可後站了起來。

「老師，您能用一些通俗、實用，與我們當下生活更為貼切的言語來解釋這些內容嗎？」馬鵬偉的提問吸引了在場聽眾的注意，雖然大家心裡都希

望這樣，但他們眼神中表現出來的是對這個提問的不屑。這讓馬鵬偉感到無奈，但也無妨，他並不在乎在場這些人的感受，他只想自己聽明白些。

「相比於前面我們講述的兩個理論，這一理論更貼近你們當下的生活，那麼下面我就用你們比較熟悉的內容來詳細講述一下這個理論。」顯然，施拉姆導師也有這方面的打算。

「首先，我有一個問題要問大家。現在，你們在獲取訊息時，會優先選擇哪種傳播媒介？」

施拉姆導師的問題並不難回答，現場有許多同學舉起手，表現出躍躍欲試的意願。

「我比較喜歡用手機在網上直接查找訊息，不僅速度快，而且內容多樣，種類齊全。」胖胖的李文文回答道。

「我更喜歡去圖書館查閱圖書，尤其是在寫論文時，很多數據內容需要足夠準確，現在網上的訊息有些是不準確的。」林凱回答完問題，還不忘向上推了一下自己的黑框眼鏡，雖然這個眼鏡並沒有鏡片。

「很好！你們的答案我很滿意。當我們在選擇資訊獲取途徑的時候，大多數人會選擇最能夠滿足自己需求的途徑，如果出現了兩個同時滿足自己需求的途徑，我們則會選擇更方便獲得的那個途徑。無論是選擇訊息內容，還是選擇訊息傳播途徑，這個結論都是成立的。

這時候我們再來看第一位同學的回答，她提到了透過手機上網查找訊息的速度很快，這便是上面公式『費力的程度』中的內容，而她所提到的內容豐富多樣，則是『報償的保證』範疇裡的內容，因為內容多樣，她才更容易獲得滿足自己需求的內容。

來看第二個同學的回答，他提到自己喜歡去圖書館查閱圖書，因為他所追求的是內容的準確性，這就是他的需求。那麼現在我有一個問題要問這位同學，你難道不覺得每天去圖書館查閱圖書不方便嗎？」

聽了施拉姆導師的提問，林凱站了起來，扶了扶鏡框說道：「不方便去圖書館的時候，我一般會查閱電子書籍，我在閱讀器上買了很多電子書，這些書比紙本書便宜，攜帶、查閱也比較方便。」

聽完林凱的回答，施拉姆導師臉上像是笑開了花，顯然他得到了自己最想要得到的答案。

「沒錯，這位同學提到了電子書籍。相比於紙本書，電子書的優勢是什麼呢？便攜、查閱方便，沒錯，這也是我們提到的『費力的程度』的問題。

下面，我們再從這個公式整體來談談。這個公式告訴我們，當一種訊息（或途徑）讓受眾的滿足程度越高，費力程度越低時，選擇的或然率就越高，受眾就越容易選擇它。由此我們可以得出一個結論，那就是受眾選擇去接觸哪種媒介來獲取訊息，是一個主觀評判的過程，他們需要綜合考量上述兩方面內容，從而得出綜合結果。」施拉姆導師話音剛落，一位身著西裝的中年男子便站了起來（如圖 1-3 所示）。

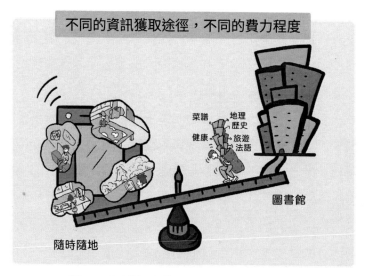

圖 1-3 不同的訊息獲取途徑，不同的費力程度

「您好，我是『迷離』，現在粉專有 50 萬粉絲，主打心理勵志、情感類文章……請問，您說的讓我們的文章點擊率增加，具體要怎樣操作，投入大概在多少？」西裝男子在進行了一長串的自我介紹後，終於問出了這節課的主題內容。即使他不在此時提問，施拉姆導師接下來馬上也要講述這個問題。

「想要讓受眾增加點擊我們的文章，其方法就在這個公式中，我們需要操作的就是滿足公式中的兩個因素。

首先來說『報償的保證』，只有你的內容能夠更好更多地滿足受眾需求，那受眾才可能會選擇你，來點擊你的文章。

舉例來說，在場的各位中應該有不少熬夜追劇的，是什麼原因讓你們願意沒日沒夜地看那些電視劇呢？學習的時候怎麼沒看你們不分晝夜呢？答案很明顯，電視劇的情節滿足了你們的需求，學習能滿足你們什麼需求呢？在你們看來，學習完全滿足不了自己的需求。」施拉姆導師笑著比喻道。

施拉姆導師的比喻引發在場學生陣陣歡笑。在馬鵬偉看來，這種解釋不僅利於理解，更能引起大家的興趣，他自己也在不知不覺中變得更加聚精會神了。而身旁的盧方娜也在一邊笑著一邊做筆記。

「下面來說『費力的程度』。當你把內容送到受眾眼前時，他點開文章閱讀的可能性會更高。這裡面涉及的條件可能會稍多一些，其主要包括內容傳播管道的普及程度、閱讀內容所需要的技能和設備，以及閱讀步驟等。

舉例來說，前面提到的電子書在閱讀時需要 3C 等行動裝置。在我們那個時代，這可能是天方夜譚，在內容傳播管道、閱讀設備方面都存在較大不便和限制，但在你們這個時代，這些條件都具備了。不過在閱讀內容所需的技能方面，如果不懂操作 3C 產品，還是會存在較多不便。

上面就是今天我要講解的全部內容，這是我多年研究的經驗所得。由於我所處的社會環境與你們當前的社會環境存在較大差異，這一內容的應用需要具體問題具體分析。

傳播學就是這樣，其雖然問世稍晚，但卻是始終在變化發展的，不同的時代會湧現出不同的傳播學理論，這些理論就蘊含在我們的日常生活中，各位需要做的就是發現它們，並利用它們，讓生活變得更加美好。」施拉姆導師總結道。

第四節　過度沉迷手機的「潛在效果」

「看到課程標題時，大家腦海中應該會把『沉迷手機』當作重點，事實上，我並不能幫助大家解決沉迷手機的問題。但我們可以在更深層次上討論一下傳播效果問題。」施拉姆導師竟然也變成了「標題黨」，想要依靠噱頭來吸引眼球。當然即使不提這種標題，來聽課的同學也不會少。

馬鵬偉從上節課開始對傳播學與現實生活之間的結合產生了濃厚的興趣，雖然他知道生活中處處蘊含著傳播學的內容，但真正將理論與現實對照後，確實發現了一些比較有意思的東西。馬鵬偉開始逐漸放下預設底線，朝著目標前進了。

「談到傳播效果的問題，不得不談傳播效果模型，在傳播學發展的這些年時間裡，傳播學家們提出了各式各樣的模型，但時至今日，我們依然在尋找最為有用的模型。

關於傳播效果理論，相信我後面會有導師詳細講述，我在這裡主要想介紹大眾媒介的潛在傳播效果。簡而言之，就是大眾媒介是如何一點一點影響我們的生活的。」施拉姆導師停頓了一下，似乎是想提什麼問題，但又放棄了這個打算。

「我這裡有一些調查數據，放在現在可能早已過時，但我覺得大家可以借此推及自身，深入思考一下。

在 1979 年時，美國 80％ -90％的家庭已經擁有了電視機，而這些電視機每天會有 7 個小時都在開著。這樣算來，這些電視機每年會開 2,500 小時以上，相當於 100 多個日夜。如果一個人這樣生活 10 年，那相當於有 3 年時間他都在看電視。當然，電視機開著並不意味著一直有人在看，但就算人們每天看 3、4 個小時，一年 365 天的總時間花費也是相當可觀的。

這個數據看上去很驚人，其實不止在美國，根據研究顯示，日本兒童看電視的時間要比美國兒童還多。歐洲一些國家看電視的人數會稍少於美國，但整體數字也較高。而第三世界國家在這一時期由於電視機的普及程度較低，這一數據也會更低一些。

但現在又如何呢？現在在座的各位可能對看電視並不感興趣，甚至連電腦也不怎麼經常使用了。但手機呢？你們每天使用手機的時間大概有多少呢？」施拉姆導師在論述之後向同學們拋出了一個問題。

施拉姆導師將話題從 1979 年的電視機觀看量轉到了 2019 年的手機使用率，這個問題並不難回答，但仔細思考後會發現，結果確實讓人吃驚。施拉姆導師挑選了幾位同學回答自己的問題。

「一天都在使用手機啊！當然，上課的時候不用。」林凱回答道。

「現在基本上都是手機不離身吧，早上、中午和晚上用得比較多。」李月婷回答道。

「我會有意控制自己去玩手機，雖然考研準備要從大三開始，但我會有意減少玩手機的時間，省得在學習的時候控制不住自己。但由於社團活動比較多，手機的使用還是比較頻繁的。」胖胖的李文文回答道。

聽了同學們的回答，施拉姆導師似乎非常滿意，這些答案正是他想要的。接過同學們的回答，施拉姆導師繼續講了起來。

　　「我們曾經花費大量時間去研究我們這個時代的人花費在看電視上的時間，但卻只花了較少時間去研究因為看電視占據時間，從而讓我們無法去做的事情。當然，現在看電視這項活動已經轉變成了滑手機，雖然形式變了，但我們都會因此付出一定的代價。

　　都有什麼代價呢？可能我們會因此晚睡 30 分鐘，可能會因此少與朋友交談 10 分鐘，也可能因此失去 30 分鐘的讀書時間、做家務時間。我們將如此多的時間用在滑手機上，其產生的效果往往是隱性的。它讓我們不再想去做其他事情，而將它作為一項需要花費 3 個或 4 個小時去做的事情。」

　　「這就是大眾媒介的潛在效果嗎？但如果我確實有這 3 個或 4 個小時的時間透過滑手機，同樣可以與朋友們交流、獲取新的知識、了解時事新聞，這與看書和上課的效果不是一樣的嗎？我們透過手機這個窗口了解外面的世界，這不是現代唯一的選擇嗎？」在施拉姆導師講述的間隙，盧方娜起身提出了自己的疑惑。

　　「沒錯，妳的論述很正確，妳似乎喜歡透過比較價值的方式來做出判斷，而妳的結論也似乎無懈可擊。可是，世界太大了，我們不僅需要窗子，而且需要一臺智慧化的望遠鏡，手機確實承擔了這個角色，但上面我所提到的只是大眾媒介的直接效果，下面我將會為大家介紹它的潛在效果。」施拉姆導師回答了學生的問題，並引出了自己新的論點。（如圖 1-4 所示）

　　「正如這位同學所說，手機為我們提供了一個窗口，我們可以借此去獲得各式各樣的外界知識。實際上，一個事件或一個知識離我們越遠，我

們就越要借助大眾媒介去獲取。如果想要知道自己家的狗狗更愛吃哪種狗糧，那只要問一問每天餵狗的媽媽就可以了，這種事情是不需要大眾媒介的。因為相比於大眾媒介，媽媽給出的答案肯定更為可靠。

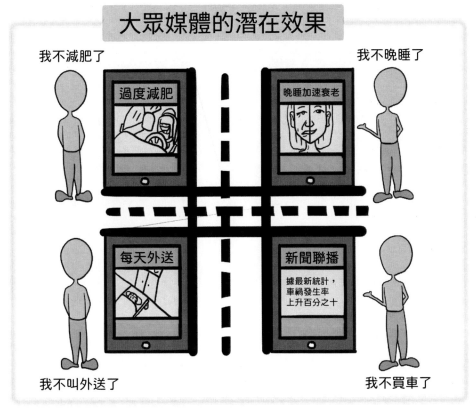

圖 1-4 大眾媒介的潛在效果

　　一些學者曾研究過人們是透過哪種途徑來獲得選舉結果訊息的，在我們那個時代，報紙是主要管道，電視則排在其次。似乎是在 1961 年調查時，電視第一次超過報紙，成為『最可信任的』媒介，而到了現在，網際網路大有取代電視占據首位的趨勢。實際上，網際網路和行動裝置已經成為人們最信任的大眾媒介了。

但是，你在電視新聞中看到的內容，就一定是真的嗎？學習新聞傳播相關的大家應該不會這樣天真，認為大眾媒介中的一切都是真的，但問題在於，還有很多的兒童和成年人因為缺少這方面的理解，而依然相信自己從大眾媒介中看到的一切都是真的，這聽起來不夠可怕嗎？」施拉姆導師談到這裡，似乎產生了一些情緒，他稍稍平復了一下，繼續講了起來。

　　「我們沒辦法因為這樣的原因，就把孩子了解世界的窗子關上，我們需要透過大眾媒介擴大自己與孩子的認知和眼界。另外，我們還需要擔心大眾媒介給孩子看到的是何種世界、何種行為，它們是在以什麼標準來為窗子裡的我們傳遞訊息，它們所傳遞的真實是事件的真實，還是它們自己的真實。這才是真正讓人害怕的地方。

　　當兒童日復一日，年復一年地收看、閱讀、傾聽大眾媒介傳來的訊息時，很多效果不會立刻顯現，但他們成年後的生活一定會帶有這些效果的影子。我們將這些稱作『潛在效果』，它並不是我們刻意尋求的，也不會立刻顯現，但其影響力量卻是異常強大的。」施拉姆導師停頓片刻，準備進行最後的總結論述。

　　「您說的這些效果，有什麼具體的現實事例可以解釋嗎？這樣我們可能會更好理解一些。」林凱似乎對施拉姆導師的理論仍有不解。

　　「如果讓我做個比喻，我會把這個效果比作岩洞中的石筍，含有石灰質的水滴不斷滴在上面，每滴水中的沉澱物小到我們用肉眼無法察覺，但水滴經年累月地滴著，數百年後，我們會看到原來的石筍已經改變了形狀，長成了其他的樣子。我認為這種非即時性也非戲劇性的效果，就是大眾媒介對人類的主要影響效果。

　　這種生活實例可以說比比皆是，以大家現在比較熱衷的用手機滑臉書、IG 等社交平臺，如果你連續一週時間都看到慘烈的交通事故影片，

那漸漸地你就會覺得駕駛汽車真的很危險。如果連續一週時間都看到情感糾紛引發的人身傷害事件，那你就會覺得整個社會充滿了這樣的人和這樣的事。事實上，如果你點擊了某方面內容，這些媒介便會不停為你推送相關內容，美其名曰為興趣推送，實際上，都是利益驅使下的商業手段。

上面我對例子的論述可能不夠客觀，但現實就是如此。我希望大家在此後的時間，尤其是成家育兒之後要多多考慮這些方面的內容。我們與其讓那些我們不知道，甚至從來都不了解的大眾媒介來決定我們將看到和聽到什麼，讓它們來幫助我們的孩子長大成人獲得知識，不如帶著孩子一起走出去，從生活中去獲得真知。

我們雖然仍無法確切判斷大眾媒介中的各類節目內容將會給我們的具體效果，但其長期效果依然會存在於我們的生命中。無論是過去、現在，還是未來，都將如此。」施拉姆以一段意味深長的總結結束了這一堂課。

第五節　如何讓大眾媒介「負起責任」

「正如上一節課中我們說的那樣，媒介所傳播的內容始終在潛移默化地影響著我們。可以假設，如果一個孩子在出生之後便被束縛在大眾媒介前，他的所有訊息獲取都透過大眾媒介，而鮮少有直接與人接觸的機會，那這個孩子成長起來後，一定是大眾媒介所期望的樣子，而不是孩子的父母和孩子自己所想像的樣子。當然，即使到今天，也並不是所有人都知曉並理解這一問題。」說到這裡，施拉姆導師似乎有些黯然，他的語調變輕，整個人也不再挺拔。

「即使現在我們知道這些內容，知道存在這種潛在的效果，我們也無法脫離這些大眾媒介，想要獲取資訊仍然需要這些窗口。在這種情況下，

您認為我們應該做出哪些改變呢？」盧方娜握著手中的筆，看著面前有些消沉的施拉姆導師，提出了自己的問題。

「對於這一點，我們自身首先要意識到問題，然後有識讀的能力。但正如妳所說，並不是所有人都知道這一方面的問題，我們也無法擺脫這些大眾媒介，想要逐一對訊息進行篩選，其工作量也是巨大的。在這種情形下，想要解決這一問題，我覺得應該讓大眾媒介自己來負起責任，去規範自己的行為。」施拉姆導師似乎找回了狀態，重新回到自己的軌道之上。

「要做好這一方面的工作，需要政府、大眾媒介和傳播受眾的共同努力。

首先來說說政府的職責。大多數人相信政府可以利用強制手段去控制大眾媒介，讓其只能傳遞政府願意讓民眾看到的訊息。但實際上，政府在對大眾媒介採取的控制手段往往會受到諸多限制，除非是施加強力控制，但這往往屬於最終絕招，不到不得不用之時，不能輕易使用。

之所以把政府控制作為最後手段，主要是因為其與民主自由原則是相違背的，言論自由、新聞自由都會對政府控制產生約束。所以政府一般是在大眾媒介承擔不起責任，而大眾又在對此無能為力的情況下，才會採取相應的控制手段。

上述觀點是我在我們那個時代思考得來的，在你們這個時代可能會有些不同。你們喜歡稱現在是自媒體時代，認為每個個體都可以成為一個大眾媒介，去對外傳播訊息。這確實是現代社會的特徵，但正因為這種特徵的出現，政府控制很多時候會從最後的手段變成普遍的手段。關於這一點，有哪個同學可以談談自己的看法嗎？」施拉姆導師沒有點破答案，而是將問題拋給了課堂中的同學們。

「網路謠言，我認為應該是網路謠言的出現讓政府控制變得更普遍。

伴隨著網際網路的普及，每一個網路個體都可以成為一個媒介，借助網路，他們所傳播的訊息會傳遞到世界的各個角落。如果訊息是準確真實的，自然沒事，但如果這些訊息是肆意捏造的，就很容易混淆視聽，造成極為惡劣的影響。在很多網絡謠言傳播事件中，媒介和大眾往往都是無能為力的，所以只能依靠政府控制來降低事件所帶來的惡劣影響。」發表完一長串精彩論述後，李文文推了推眼鏡，坐到了座位上。

「不錯，很好，這正是我要說的內容。但需要注意的是，即使在這些情況中，如果不是事態發展超過了一定限度，政府控制依然要作為最後手段去實施。當然，政府部門也可以將自身作為媒介，去幫助大眾媒介承擔起必要的責任。

順著這一點，我們繼續來談大眾媒介的責任。身為訊息的生產者、傳播者，大眾媒介的責任無外乎生產優質訊息內容，忠實傳遞訊息。想要做到這一點，大眾媒介需要加深對大眾需求的了解，同時也要樹立起自身的責任感。具體來說，可以透過自我調控和專業化兩種方式來做。」施拉姆導師講述間隙，盧方娜舉起手來。

「這是不是說，大眾媒介組織可以透過法規制度的方式來規範自己的行為，規定什麼可以說，什麼可以報，哪些不能說，哪些不能報呢？」盧方娜的問題似乎問得有些超前，顯然施拉姆導師還沒有提到這方面的問題。

「如果妳是新聞行業從業者，這樣做的話不會覺得受到束縛並感到無聊嗎？不可否認，當前確實有一些法規制度規定新聞行業的基本規範，但仔細看，其中很多是保護新聞從業者的條例，而且這些法規制度多是有局限性的，只能強制規定大眾媒介不去從事違法犯罪、具有嚴重社會危害性的活動，而沒辦法真正讓它們變得完美。只有自我調控，才能讓它們變得更好。

除了自我調控，專業化也應該是讓大眾媒介負起責任來的重要舉措。相比於理工學科，傳播學科系的門檻確實很低，沒有太強的專業基礎知識要求。而到了自媒體時代，本就不高的門檻更是被踏得稀爛。人人都能當記者，人人都能當編輯，這完全是學術研究的倒退啊！」說到這裡，施拉姆導師的語氣提高了幾分，情緒似乎也出現了起伏，但很快便恢復了正常。

　　「我認為，要讓大眾媒介更加專業化，就需要強化傳播專業的基礎知識和技巧訓練，同時還要提出大眾傳播的職業標準、職業態度和職業行為。具體到個人，則是要強化個人的責任感。大眾媒介傳播者應該將自己視為傳播真理的使者，他們不能僅僅對自己的金主服務，他們要強化個人的倫理道德意識。

　　至於大眾的責任，首先大眾要自覺做一個有頭腦又不存在偏見的接受者；其次他們還要經常用鼓勵、促進和教育的方式讓大眾媒介更好地承擔起自己的責任。

　　做一個有頭腦又不存在偏見的接受者，是說大眾要具有一種與眾不同的思考習慣，對於大眾媒介傳遞的訊息要仔細思考。大眾有權決定自己從媒介接受有益的訊息，而不是始終任由媒介擺布。所以，大眾應該盡自己所能，讓自己變成一個敏銳又有辨別能力的人（如圖 1-5 所示）。

　　在我看來，大眾在讓大眾媒介『負起責任』這件事上，可以發揮巨大的作用。大眾應該知道，大眾媒介所傳播的內容會涉及每個人的利益，因此每一個受眾都應該參與其中，為爭取自己的利益，對大眾媒介工作進行監督。」說到這裡，施拉姆導師停下了自己的敘述。

　　「按照您的說法，身為大眾的我們，要如何去監督大眾媒介，讓它們承擔起相應的社會責任呢？」李文文抓準時機接住施拉姆導師的話，提出了自己的問題。

傳播學家語錄：
媒體是一種公共資源，大眾有權決定自己從媒體中接受有益資訊，而不是任由媒體擺布。

圖 1-5 媒體的責任與大眾的權利

　　「從當前大眾媒介發展現狀來看，點擊率、留言數、訂閱率是它們關注的重點，身為受眾的我們可以透過選擇是否觀看、收聽和訂閱它們的產品來進行『投票』，讓它們之間形成競爭，最後實現優勝劣汰，這就是大眾對媒介承擔社會責任的最大推動作用。」施拉姆導師回應道。

　　施拉姆導師所說的「投票」從操作上看並不困難，大眾媒介是依靠大眾需求而生的，只要大眾以自身需求對其進行正確導向，似乎便能讓大眾媒介承擔更多的社會責任。

　　「我在上面提到的這三方面內容是缺一不可的，而大眾的作用常常居於首位。如果大眾主動放棄推動媒介進步的權力，那大眾媒介和政府控制就會填補相應的空缺，到那時我們就會與良好的傳播環境漸行漸遠，最終一點點失去獲得真理的機會。」施拉姆導師總結道。

第一章　韋爾伯‧施拉姆導師講「大眾傳播」

第二章

沃爾特・李普曼導師講「大眾輿論」

在本章中，沃爾特・李普曼導師將會為大家講述大眾輿論的內容，他將圍繞擬態環境和刻板成見展開論述。身為傳播學領域輿論研究的先驅，李普曼導師挑選了輿論研究中一些不可迴避的重要問題，進行了深刻而精闢的推導和論述。

沃爾特・李普曼

（Walter Lippmann，西元 1889 年 9 月 23 日至 1974 年 12 月 14 日），美國作家、記者和政治評論家，是傳播學史上具有重要影響的學者之一。身為專欄作者，曾在 1958 年和 1962 年兩次獲得普立茲獎，而身為傳播學理論研究者，則完成了《公眾輿論》一書的創作。

第一節　「媒介真實」可能並不真實

在第一週的課程中，施拉姆導師透過五節課的時間，對自己的傳播學理論進行了介紹。在盧方娜看來，這些理論雖然提出的時間很早，但在現在依然能夠找到其對應的事例，足以想見傳播學理論在發展過程中的一脈相承。而對馬鵬偉來說，施拉姆導師所講的內容並不像書本上的理論那樣枯燥，而是可以放在生活中去驗證的，這讓他對傳播學產生了些許興趣。

時間來到了第二週的第一天，又是第一節早課，課堂外面仍然擠滿了學生，這些學生都是衝著第二位導師而來的。聽說，第二週課程的導師是個富有熱情的人，年輕時還是個大帥哥。

「讓我看看課堂中的大家都準備好了嗎？不錯，不錯，不錯，看上去大家的精神都很飽滿啊。見到大家真的是非常高興，更讓我高興的是可以和大家分享我對傳播學一些理論的看法。話不多說，現在就讓我們來開始今天的課程。」李普曼導師興高采烈地說道。

在同學們眼中的李普曼導師雖然不再年輕，但從其言談舉止中依然可以感覺到其個人所獨有的魅力與熱情。

「我翻看了一下大家第一週的課程，其中似乎講到了大眾媒介內容真

實性的問題，這正是本節課我要講述的內容。但我想說的與前面一位導師會有一些不同，在論述之前，我想問一下各位同學，如果把大眾媒介比喻成一件器物，各位認為它比較像什麼？」在講述內容之前，李普曼導師先提出了一個似乎與課程內容無關的問題。

「我覺得它更像是一個傳聲筒，我們可以從它那裡了解到各種不同的聲音。」李文文率先表達了自己的看法。

「像個大喇叭吧，比傳聲筒的效果要好多了，傳得遠，聲音還大。」馬鵬偉接過李文文的話，開起了玩笑，引得同學們哄堂大笑。

「我覺得它像電影中的魔鏡，我們可以從中看到世界各地的消息，想要哪些消息，就可以讓魔鏡告訴我們。」李月婷回答道。

「說到鏡子，這正好是我們今天要講的第一個內容。大眾媒介可以作為我們了解真實世界的鏡子嗎？在我看來，它可能做不到這一點。」雖然還有同學想要回答，但李普曼導師接過李月婷的話題，自顧自地講了起來。

「為什麼這樣說呢？因為我們與真實環境之間存在著一種虛擬環境，現在你們更多稱其為擬態環境。所謂擬態環境，就是大眾媒介透過對象徵性的事件或訊息進行選擇或加工，然後透過結構化手段重新向人們展示的環境。很多情況下，這種對事件或訊息的選擇、加工或結構化重現是在我們看不到的地方進行的，這中間發生了什麼，我們不得而知。甚至大多數人都不知道存在這樣一個環節。」

講到這裡，李普曼導師稍作停頓，他想要透過觀察大家的表情來了解大家是否理解了自己所敘述的內容。

「您的意思是說，現在我們所看到的電視新聞和節目，向我們所傳達的訊息並不一定是真實訊息，而是經過了我們所不知道的流程加工而來的

訊息，所以這些訊息的真實性不可靠，是嗎？」當與李普曼導師目光相對時，林凱提出了自己的疑問。

「關於你這個問題的解答，我們放在後面來說。在我看來，我們個人的行為主要與三種『現實』具有密切關聯：第一種是實際存在的『客觀現實』，它不因個人意志轉移；第二種是經過大眾媒介有選擇地加工後得到的『象徵性現實』；第三種則是『主觀現實』，是存在於人們意識中，關於外部世界的圖像。

需要注意的是，『主觀現實』是在人們對客觀現實認知的基礎上形成的，而在當前時代，人們想要了解客觀現實，在很大程度上需要依靠大眾媒介所製造的『象徵性現實』來實現。同學們，這樣一來，人們所形成的『主觀現實』還能是『客觀現實』的真實反映嗎？」

李普曼導師講到這裡後，又停頓了片刻，來觀察同學們的反應。這一次顯然大家都有所思考，也有所領悟。

「這種『象徵性現實』是不是就是媒體編造的吸引人眼球的假新聞？如果我們識破這種假新聞，是不是就可以從『象徵性現實』進入到『客觀現實』呢？」盧方娜提出了自己的疑問。

「不不不，我所說的『象徵性現實』並不是謊言，而是對環境的描寫。這種環境往往是大眾媒介所創造出來的，它們自身可能存在著一些問題，比如由於訊息採編人員能力不足，導致其採寫的內容與客觀事實偏離過多；也可能由於不同的大眾媒介所持有的立場與價值觀不同，針對同一事件的報導角度有所不同；當然，還有可能是大眾媒介遭到控制，而刻意去傳播某些內容。所以這種『象徵性現實』更偏向於虛構，而不是去製造謊言。」李普曼導師馬上解釋道（如圖 2-1 所示）。

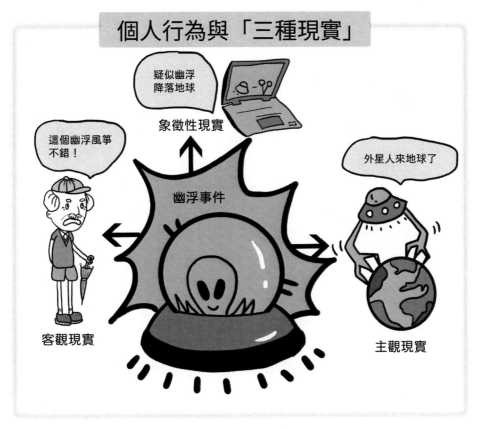

圖 2-1 個人行為與三種「現實」

「那我們為什麼一定要透過這種『象徵性現實』去了解客觀現實呢？是必須如此嗎？」盧方娜繼續追問道。

「不是的，但在當前時代中，這似乎已經成為必需。我們所面對的現實環境在總體上實在是太龐大、太複雜了，它變化得太快，以至於我們沒有做好準備去應付和了解它。但為了在這個環境中展開活動，我們又必須採取某些行動來讓它變得簡單，由此我們選擇透過大眾媒介將其重構，並更為簡單地呈現在我們面前。我們必須這樣做，別無他法。試想如果現在讓大家擺脫手機和網路，你們又要如何生活，如何去了解世界呢？

雖然不得不面對這種『象徵性現實』，但我希望在座的各位可以明白，我們個人的行為是對環境做出的反應，身處於這種『象徵性現實』之中，如果我們就這種環境產生某種行為，那這種行為的後果便不是出現在『象徵性現實』之中，而是出現在『客觀現實』之中。這一點是大家需要牢記的。」說到這裡，下課的鈴聲響了起來，李普曼導師打算做最後的總結論述。

　　「這是不是與一些人沉迷於網路遊戲世界中後，搞不清虛擬和現實類似呢？他們以為自己所採取的行為發生在虛擬世界中，但實際上是發生在現實世界中。網路遊戲是否也營造了一種『象徵性的現實』呢？」李文文似乎還有疑問，她抓住時機提出了自己的問題。

　　「也可以這麼理解。說到這裡，還有一點內容需要提醒大家。上面我只說到了行為上的反應，如果長期浸淫在這種『象徵性現實』之中，我們在思想上會產生哪些反應呢？這一問題還是留給大家去慢慢思考吧。」李普曼導師似乎還有話說，但礙於時間有限，只得匆匆做了總結。

第二節　每個人都會有「刻板成見」

　　「在上節課，我主要為大家介紹了擬態環境這一理論，同時還提到了造成這種情況的可能原因。在本節課中，我所講的內容可以算作擬態環境出現的一個原因，但更重要的是，我覺得它應該被每一位新聞行業從業者所牢記，我將這一內容稱為『刻板成見』。」

　　站在學生們面前的李普曼導師依然充滿熱情，相比於第一堂課，他似乎對本節課的內容更為重視。

　　「我們每個人都生活在地球上的某一個小區域，在這個小區域中，我們能夠了解到的客觀現實是相對有限的。對於那些影響廣泛的公共事件，

即使透過大眾媒介的傳播，我們所能知道的也只是事件的某個方面或某一片段。但身為一個實實在在的人，我們擁有表達見解的權利，很多時候我們的見解要涵蓋一些比我們直接觀察到的事物更為廣泛，也更為複雜的內容。不知大家是否能夠理解我所說的這一內容？」

李普曼導師似乎覺得自己在論述這一內容時，說得不夠清晰，害怕學生們沒有理解其所指代的意義，所以沒有繼續往下論述，而是停了下來。

「您的意思是不是說，當我們對某件事情發表看法時，我們可能只看到了這件事情的表面，或者說是片段，所以我們的見解會有偏頗和不足的地方。」盧方娜似乎讀懂了李普曼導師的意思，及時給出了自己的回應。

「沒錯，確切來說，我認為我們的大多數見解都是由別人的報導和我們自己的想像所衍生出來的。即使是目擊者，也不可能原原本本地再現事件的全貌。這裡我有一個故事要與大家分享。」說到這裡，李普曼導師開始與大家分享他的故事。

在哥本哈根曾召開了一次心理學會議，與會的一些優秀觀察家參加了一個有趣的實驗。在會議進行過程中，會議室大門被撞開，一個小丑率先跑了進來，其身後有一個黑衣人在持槍追擊。他們在會議大廳中扭打起來，小丑倒地後，黑衣人撲上去開槍射擊，隨後兩人又一起沖出了大廳，整個事件大約持續了 20 秒鐘。

隨後，會議主席要求各位觀察家每人立刻寫出一篇報告，最終有 40 人完成了報告。但在這 40 篇報告中，關於主要事實的錯誤率低於 20％ 的只有 1 篇，錯誤率在 20％～40％ 的有 14 篇，剩下有 12 篇的錯誤率達到了 40％～50％，13 篇的錯誤率在 50％ 之上。在這些報告中，只有 6 篇杜撰內容低於 10％，可以說，這裡面大多數報告的內容都是虛假的。

「在上面的故事中，小丑與黑衣人打鬥的情節是事先策劃的。但這些觀察家在這起事件中看到了什麼呢？在我看來，他們看到了自己對這場打

鬥的成見。他們在自己的生活經歷中見識到許多打鬥的畫面，而這些畫面在他們腦海中形成了深刻印象。這40位觀察家中，有34位用自己先入為主的成見取代了至少10%的事實。」李普曼導師解釋道。

「老師，這是否就是前面課程中我們所提到的擬態環境出現的原因？」李文文問道。

「沒錯，這正是其中的一個原因。但在另一種意義上，其所造成的可並不僅僅是擬態環境這個問題。」李普曼導師繼續自己的講述。

「諸如繪畫，雕塑或是文學創作等藝術形式，我們很容易從中發現創作者對客觀現實的塑造。他們呈現的並不是真實的客觀現實，而是經過藝術加工的作品。但只有這些藝術手法能夠為這個世界造型嗎？很顯然並不是這樣，我們的道德規範、法令制度和社會哲學都會為這個世界塑形。

這也就是成見生成的原因，除了我們個人認知活動的習慣性外，還有教育、宣傳等方面因素的影響。實際上，只要不斷灌輸，就會產生視覺變化，我們的眼光也就會出現不同的視角。如果我們從孩子一出生就告訴他不學習就沒有出路，那他可能從小就會產生『自己的人生只有學習才能有出路』的成見。當然，這種灌輸對於孩子所造成的影響效果我們還不好去估量。」李普曼導師說道。

「那您所說的這種『刻板成見』對我們有什麼負面影響呢？」盧方娜問道。

「每一套成見中都有一個點，在那個點上，全部努力都會停止，事情會按照我們喜歡的樣子自行發展。那種步步為營的成見會強力刺激行動，它會讓人忘記去考慮這是什麼行動，以及為什麼要這樣行動等問題。而每一種理論都會有一個不由自主的盲點，那個盲點會掩蓋某種事實，如果可以意識到這一點，就可以控制成見所誘發的致命運動。

當然，如果忽視了這一盲點，而去不加批判地固守成見，不僅會無視

許多需要考慮的東西,而且一旦遭到報應,成見就會隨之土崩瓦解,那麼明智的考慮很可能就會和它一同毀滅。

　　一種更為嚴重的情況是,由於我們的道德體系有賴於自身所認可的那種版本的事實,那只要是否定我們的道德判斷,或者否定我們那個版本的事實的人,無論是誰,我們都會認為他是錯誤的、異己的、危險的。(如圖 2-2 所示)

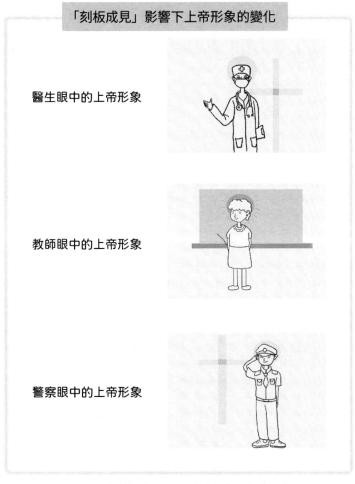

圖 2-2 『刻板成見』影響下上帝形象的變化

如果我們無法習慣將自己的觀點看作透過自己的成見得到的局部經驗，我們就會把自己的觀點絕對化，而且很多時候會認為所有的反對意見都是居心叵測的。」李普曼導師似乎又忘記了由淺入深地講述，而是沉浸在自己的節奏之中。直到講完這些內容後，他才稍作停頓，觀察課堂中同學們的反應。

　　「老師，我是否可以用辯論的例子來理解您上述所講的內容。在辯論時，正反雙方都持有一個固定觀點，這可以看作他們的固定成見。雙方都想將對方駁倒，同時認為對方是絕對錯誤的。」李文文表達了自己的看法，但似乎又不那麼確定。

　　「辯論雙方都很清楚自己的立場，因此會絞盡腦汁地對自己的成見做出解釋，想要讓辯論雙方握手言和顯然是不可能的。你的這個例子很好。」李普曼導師認可了李文文的觀點。

　　「我這裡還有一個更為顯見的例子，能夠更好地說明這一內容。現在媒體在稱呼年輕人群體時，往往喜歡用年代來表示，比如『9 年級生』、『千禧世代』。如果深入研究會發現，媒體很喜歡用這些詞來代表一類群體，因而新聞中常常會出現以一部分人的行為來代表整個群體的情況，這可以說是刻板成見的代表實例了。

　　『9 年級生』是怎樣的？『千禧世代』又是怎樣的？這本身就是難以言說的問題，如果媒體非要為『9 年級生』、『千禧世代』塑形的話，就是刻板成見在發揮作用了。

　　換個角度來講，刻板成見也有好的一面，像是可以對我們的社會傳統和社會地位進行維護。在成見系統營造的世界景象中，我們的習慣、偏好、能力和希望等都會進行自我調節，雖然它並不能代表整個世界的景象，但至少是可以滿足我們需求的世界景象。」李普曼以成見系統的正向功能作為最後的總結。

第三節　大眾很難形成正確的輿論

「大眾很難形成正確的輿論，這並不是我的悲觀，而是社會現實。」李普曼導師在講完這句開場白後，停頓了很長時間，他在等待有同學可以做出一些回應，但寂靜無聲的課堂似乎已經回應了他。

「在我之前有人看到了輿論的強大力量，同時認為大眾可以自發形成正確的觀念，隨之做出相應的正確選擇。我認為這是一種傳統的輿論觀，在我看來，現在的大眾並不能自發地形成正確的公意，更不能以其去主導政府的決策。」李普曼導師繼續論述他的觀點。

「您的意思是說，大眾身為獨立的個體，無法針對眼前訊息進行獨立思考嗎？」盧方娜提出了自己的疑問。

「還沒到那一步，我想說的因素在更前面。在前面兩節課中，我們提到了『擬態環境』和『刻板成見』，知道了大眾並不是直接生活在現實環境之中，而是生活在媒體與個人主觀構建的虛擬環境之中。人們在虛擬環境中採取的行動，會直接作用於現實環境。大眾主觀公意的形成是以媒體提供的『象徵性現實』為基礎的，所以多少會存在一些偏差。

在具體的社會環境中，無論是在哪種社會制度下，都不可避免地存在對訊息源頭的審查和控制。加之傳播技術受硬體條件限制較多，個人的知識、時間和注意力相對有限，客觀真實、主觀真實和象徵性真實交錯在一起，大眾就會逐漸混淆現實和非現實。

這其實又回到了我們在前面課程中提到的內容，大眾媒介傳達給我們的並不都是客觀現實，所以我們由此形成的認知和輿論自然不客觀，其正確性值得懷疑。」李普曼導師對自己的結論給出了解釋。

「既然說到了這裡，那我想問一下，在各位看來，哪些因素會阻礙大眾形成正確的輿論？」李普曼導師問道。

「在前面課程中提到的『刻板成見』會影響大眾正確輿論的形成，新聞報導者因為自身原因，對報導內容缺乏全面、有深度和中立的報導，他們可能會在事件報導中加入自己的理解，所以報導出來的內容與客觀事實會存在偏差。這就使得大眾在了解這件事時，很難形成正確的輿論。」李文文第一個站起來發言。

「大眾自身因素也會影響輿論的形成。由於每個人的見識閱歷、知識構成、行為習慣各有不同，對於大多數事物的了解也較為有限，在面對自己不熟悉的事物時，有些人會選擇用自己固有的思維模式去分析事件，從而得出較為主觀的看法和結論。還有一些人會選擇依賴媒體，順著媒體的解讀去理解事件，而鮮少會自己思考。在我看來，這兩部分大眾都很難形成正確的輿論。」盧方娜選擇從另一個角度去回答這個問題。

「不同國家的人在理解同一件事情時，也會產生較大差別。可能是語言、民族文化和思想價值觀不同導致的。不同國家的人在交流時，常常會出現曲解對方訊息的情況。」很少主動發言的馬鵬偉突然積極起來，這讓盧方娜感到有些意外。

「很好，大家的答案都很精彩。除了大家說到的，還有一方面因素也會影響大眾輿論的形成。不知道大家如何去理解官方新聞，在我看來，相比於大眾媒體新聞，官方新聞更多注重內容宣傳，很多時候它們是報喜不報憂的，所以電視機前的人們總會看到好的景象，但實際上，事實卻並非如此。大眾長時間被困在這樣的象徵性真實中，怎麼能形成正確的輿論呢？」李普曼導師補充道（如圖 2-3 所示）。

圖 2-3 大眾很難形成正確的輿論

　　「第二次世界大戰時期，英國為了進行戰爭宣傳，對媒體進行了一系列政治和經濟管制，從而使當時的大眾媒體成為戰爭宣傳的工具，當時英國為了團結民眾，獲取戰爭勝利，官方新聞中通常主要宣傳打了勝仗，而對打敗仗的消息卻較少提及。在這種情況下，大眾自然無法了解到戰爭全貌，也就沒辦法形成正確的輿論。」

　　「對於那些處於封閉的輿論環境中的人們來說，想要充分、全面、準確地了解事物全貌非常困難，因此他們也很難形成正確的輿論。他們對事物的認知多夾雜有自己的想像，所以他們所形成的輿論更多是主觀真實的

輿論，而不是客觀真實的輿論。無論是過去還是現在，都是如此。」李普曼導師總結道。

「在當前時代，網際網路的普及程度如此之廣，我們每個人都可以透過網路從多角度獲取事件訊息。現在我們應該處於一種開放的環境之中，在這種情況下形成的大眾輿論，其正確性是不是得到了很大提升呢？」在李普曼導師停頓間隙，盧方娜把問題轉移到了當今時代的現實之中。

「實話說，我對網際網路的了解並不多。網際網路發展到現在，很難再用我當時的理論去解釋現在的現實，這是傳播學不斷向前發展時經常會出現的問題，同時也是傳播學能夠保持持久生命力的最重要因素。

舊有的傳播學理論可能會不斷被替代，這是因為時代和人都在發生改變。傳播學作為研究社會和人的學科，一定是要跟著時代和人一同發展演變的。關於你提的這個問題，我倒是很想聽聽在座的各位是如何理解的。」李普曼導師似乎有些感慨，他並沒有直接回答問題，而是將問題留給了更有發言權的學生們。

「我覺得網際網路出現後，我們的傳播環境好了很多，這更有利於大眾形成正確輿論。網際網路為我們提供了一個討論和傳播公共事件的平臺，在這裡我們可以獲得更多角度、更為全面的事件訊息，我們也可以更便捷地進行意見表達。總而言之，網際網路讓我們更加接近事件真相，也讓大眾形成正確輿論成為可能。」齊一一似乎很有感觸，第一個站起來發表看法。

「網際網路技術的發展對新聞審查也造成一定的影響。在網際網路沒有普及的時代，一個事件的發生往往只會有一種官方聲音，而現在我們可以從不同角度，聽到多種聲音，這可能讓我們更容易去接近事件的真相。在這種基礎上，我們也更容易形成客觀正確的輿論。」李月婷繼續說道。

「現在的大眾與過去時代的大眾也已經完全不同了，他們的思維更加開放，也更為活躍，判斷媒介訊息也會更為客觀理性。大眾媒介想要繼續透過『擬態環境』來讓大眾跟著自己走，越來越困難了，在這一方面來講，大眾應該是越來越精明了。」林凱回答道。

「多種聲音有時候也可能會讓人陷入迷茫。網路時代大眾雖然更精明了，但大眾媒介訊息也越來越複雜了，網路上充斥著各種訊息，很多針對同一件事情的訊息甚至截然相反，這給大眾造成了不小的麻煩。對於沒有足夠知識能力的大眾來說，訊息增多反而會增加他們形成正確輿論的困難度。」李文文最後一個發言，卻說出了與大家截然不同的觀點（如圖 2-4 所示）。

傳播學家語錄：
網路時代的大眾更精明了，但「擬態環境」也變得更不容易被發現了。

圖 2-4 更不容易發現的「擬態環境」

「你們的這些觀點都有道理，雖然網際網路時代依然存在『擬態環境』，大眾也依然會帶有『刻板成見』，但大眾媒介的轉變確實對大眾輿論的形成造成了影響。這或許確實是一種進步吧。」聽完同學們的回答，李普曼導師進行了最後總結。

第四節　誰能來拯救大眾輿論

「前面我們談到了『大眾很難形成正確輿論』這個問題，在這一節中，我們來談一談如何形成大眾輿論，或者說，如何讓大眾得出正確輿論。」這節課的內容顯然是承接上一節課的，李普曼導師似乎早就想好了這一點。

「在上一節課最後，大家的論述非常精彩，順著大家的思路來講，似乎本節課的內容就很好展開了。但我還是想順著自己的思路來講述，關於這個問題，我還有一些個人的看法。」李普曼導師說道。

「前面我們提到大眾難以形成正確輿論的一個主要原因是其所獲訊息多是經過大眾媒介加工的，這些內容與客觀現實可能存在較大差異。由此，想要解決這一問題，就要從根本上改變這一情況，關於這一點，我有一種理想化的設想。

我們可以建立一個獨立的情報組織，由這個組織負責向大眾傳遞訊息。這一獨立的情報組織不受政府審查的控制，依靠專家來蒐集訊息，從而確保訊息的客觀真實性。這種獨立的情報機構可以客觀地還原事實真相，有利於幫助大眾形成正確的輿論。」李普曼導師繼續說道。

「專家主要是些什麼人？我們要如何判斷一個人是否達到這種『專家』的級別？」李文文對專家這個詞在理解上似乎存在一些困難。

「這些專家應該是各個領域中的菁英，他們對自身所處行業的訊息內容都十分了解，這在很大程度上能夠減少因為『刻板成見』存在造成的訊息偏差。」李普曼導師解釋道。

「這是不是說做新聞的人要向細分的行業領域發展，這樣持續下去才能形成報導的專業性？那是不是說新聞科系的學生還要去學習其他領域的內容？」李文文繼續追問道。

「我並不認為需要將這個問題局限到新聞科系的學生身上，既然說到這裡，我覺得現在的新聞科系學生，如果想要成為一名優秀的新聞記者，首先需要讓自己成為一名耐心且無畏的科學人士，努力去探求世界的真相，好的報導最需要實踐科學精神。

在這裡，大家也可以把專家理解成『菁英』，我認為只有這些人才能幫助大眾形成正確的輿論，如果少了他們，大眾便無法好好去思考。在某種意義上，我們大多數人都是局外人，我們需要專業的新聞人才或新聞機構為我們提供準確而真實的消息。」李普曼導師提出了新的觀點。

「在您所說的這種『菁英可以拯救大眾輿論』的觀點中，這些菁英難道不會存在刻板成見嗎？我們從他們這裡獲取的訊息，不也是經過他們的個人意志加工形成的嗎？」盧方娜問道。

「他們自然也會存在『刻板成見』，但相比於大眾來說，他們可以更好地規避這一點，至少在進行訊息傳播時是這樣的。如果在現代社會來理解這一方面的內容，可能會更加簡單。我雖然對現在的網際網路了解不多，但我很清楚大家現在獲取知識訊息的途徑。」

「現在網路上也出現了許多『菁英』，這些『菁英』雖然和我所說的有些不同，但也有一些相似的地方。當大家想要選購一款化妝品時，很多人會從這些『菁英』那裡獲得推薦；當大家想要學習一門新的課程時，也有很多人會去依靠這些『菁英』。」

「很多時候，局外人可以要求專家告訴自己相關事實是否已經得到適當考慮，但在大多數情況下，他自己並不能判斷出何為相關事實，何為適當考慮。」

「我們依然以上面的例子來說明。當大家選購化妝品時，『菁英』會告訴大家這款化妝品很好用，使用之後整個皮膚都會特別好，自己一直都

在使用，隨後還會讓大家看一下具體效果。在這個過程中所出現的『有關事實』和『適當考慮』是大家的嗎？不！並不是大家的，而是『菁英』本人的。」

「但大家清楚這一點嗎？從商品的瘋狂銷售量上來看，顯然是並不清楚的。所以從這個角度來講，大眾想要形成正確的輿論，很大程度上要依靠這些『菁英』。」李普曼導師的論述似乎偏離了新聞領域，而進入到大眾傳播領域之中（如圖 2-5 所示）。

圖 2-5 社會菁英可以引導大眾輿論

「再回到新聞領域之中，我認為大眾媒介需要做到的首要職責就是向社會持續不斷地提供真實可靠、富有意義的訊息。不論是在過去的時代，還是在當今社會，大眾都需要依賴專業化的訊息傳播機構獲取訊息。如果大眾媒介和大眾媒介從業者無法做到這一點，那大眾就很難形成正確的輿論。」李普曼導師對自己的觀點進行了總結。

「還有一點內容我需要做些補充，前面有同學問到要如何判斷誰可以作為『專家』。在這裡，我想用『局內人』和『局外人』兩個概念來進行一下說明。

在大眾群體中，我們可以把『專家』理解成『局內人』，而將其餘大眾理解為『局外人』。『局內人』往往處於事件中心，他們對事件更為熟悉，掌握著第一手資料。而『局外人』則遠離事件，他們需要依靠『局內人』來了解具體事件。但是，二者並沒有太多不同，在一些情況下，甚至可以相互轉換。」

李普曼導師試圖用另一種新的理論觀點來解釋前面的內容，但對於大多數同學來說，這種方式達到的效果十分有限，大家似乎又陷入一種新的困惑之中。鑑於課程時間有限，李普曼導師結束了自己的課程。一週時間下來，大家學到了很多新的傳播學知識，但也新增了許多從未有過的困惑。大家已經看到了傳播學的冰山一角，對於剩下的部分則充滿了無限的好奇。

第二章　沃爾特・李普曼導師講「大眾輿論」

第三章
庫爾特・勒溫導師講「把關人」

在本章中，庫爾特・勒溫導師為同學們帶來了「把關人」理論。作為傳播學中的重要理論，將人的作用和性質引入到大眾傳播學之中，受到了學界的廣泛認可。除了介紹早期的「把關人」理論外，勒溫導師還介紹了新時代背景下的「把關人」，將這一理論放置在新的社會環境中，讓同學們對此有了更為深切的體會。

庫爾特・勒溫

　　（Kurt Lewin，西元 1890 年 9 月 9 日至 1947 年 2 月 12 日），德裔美國心理學家，現代社會心理學、組織心理學和應用心理學創始人，同時也是傳播學主要奠基人之一，被稱為「社會心理學之父」。代表作品有《人格的動力理論》、《拓撲心理學原理》、《群體生活的管道》、《社會科學中的場論》等。

第一節　網絡中到處都是「守門人」

　　在上一週的課程中，李普曼導師為大家帶來了精彩的內容講述。但在獲得新知識的同時，同學們也出現了許多新的困惑。為此，大家對新一週的傳播學課程充滿期待。

　　本週課程的導師是傳播學主要奠基人庫爾特・勒溫，身為傳播學科系的學生，他的大名大多數人應該都有耳聞。盧方娜對勒溫導師的課程自然十分期待，但沒想到馬鵬偉顯得更為積極。他很清楚勒溫導師在課堂上一定會講到「把關人理論」，而自己在這方面也正好有問題想要了解。正當大家在教室議論時，庫爾特・勒溫導師出現在眾人面前。

　　「大家好，聽說上週的課程大家沒有聽盡興，是課程時間不夠，是導師講課太慢，還是導師講得不夠清楚明白？首先聲明，我講課的速度很快，要講的內容也不多，很多時間需要大家一同來討論，大家不要不好意思發言，有問題就痛快問出來。」相比於其他導師的直接開講，勒溫導師嘴上說著時間緊迫，卻仍然來了一段開場白。

　　「在本週的第一堂課，我們主要來討論一下『守門人理論』，你們可

能更習慣稱其為『把關人理論』。雖然有很多人擴展了這一理論，但這可是我最先提出來的。」勒溫導師似乎想要證明些什麼，這確實逗笑了課堂中的同學們。

「在第二次世界大戰期間，我在大學主要從事食品習慣變化方面的研究。在研究過程中，我發現當我們決定吃什麼東西時，會存在一些關鍵的環節對選擇食物造成了至關重要的作用。

當時美國政府鼓勵大眾食用動物內臟，我們驚奇地發現，如果一個家庭中的主婦不喜歡這類動物內臟，那她的丈夫和孩子們就很難在家庭餐桌上吃到這些食物。所以在我看來，家庭主婦們在這裡就扮演著『守門人』的角色。

我們所吃的食物是透過不同的管道一步步來到餐桌上的，而某一食物能否進入到下一個管道當中，需要視『守門人』的意願來定。影響『守門人』決策的因素主要包括認知結構和動機。

在此後的一些研究中，我發現這種情況廣泛存在於各種組織之間。其在新聞傳播管道中也不例外，對於新聞透過特定傳播管道在群體中的傳播以及許多機構中個人的社會流動也是明顯適用的。

在群體傳播中，訊息的流動會在一些帶有門區的管道中進行，而在這些管道中，每一個門區都會存在一些守門人，只有那些符合群體規範或守門人價值標準的訊息才能夠透過門區，在傳播管道中流動。

我所說的『門區』大家可以將其理解為訊息傳播管道上的一個個檢查點，在每一個檢查點上都有專人負責對訊息內容進行檢查，然後攔住一些訊息內容，再放行一些訊息內容。」勒溫導師一口氣說完了自己的理論。

「在新聞傳播領域，您所說的這種『守門人』是不是主要是各大媒體的記者或編輯？」在勒溫導師說完後，盧方娜提出了自己的問題。

「正如家庭主婦在為家庭吃什麼食物把關一樣，在新聞傳播領域中，各大媒體的編輯們確實也在做著同樣的工作。」勒溫導師回覆道。

　　「那他們在把關時有什麼統一的標準嗎？還是說他們都在按照自己的標準來把關。」盧方娜追問道（如圖 3-1 所示）。

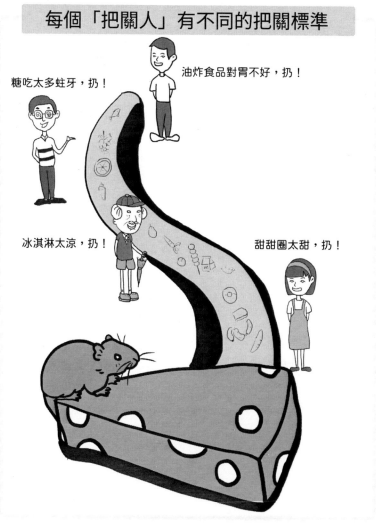

圖 3-1 每個「把關人」有不同的把關標準

「我們很難找到一個統一的標準來說明他們是怎麼把關的。正如前面我所提到的，影響他們做出決策的因素主要包括認知結構和動機。每一個把關人的認知結構不同，在面對同一種訊息時，他們可能會得出不同的判斷，做出不同的決定。即使在一些情況下他們得出了一致判斷，但出於不同的動機，他們也可能做出並不相同的決定。」勒溫導師解釋道。

「我覺得您的理論在現代社會遇到了新的情況，現在的『守門人』並不完全是編輯這樣的個體，而更多地變成了演算法和機制，您對這一變化有什麼看法嗎？」並不喜歡參與討論的馬鵬偉向勒溫導師拋出了一個新的問題。

「我對這種變化有些了解，我覺得你可能想要討論演算法推薦的問題。事實上，我完全不了解這其中的機制和規則，我只能簡單說一下我的看法。」勒溫導師用頗為謹慎的語氣說道。

「首先，大眾媒介的新聞報導與訊息的傳播並不具有完全的客觀性，這一點大家在前面的課程中應該有所了解。大眾媒介會根據自己的立場、方針和價值標準對訊息進行加工和取捨，由於受到經營目標等因素的影響，大眾媒介需要透過不斷滿足受眾需求來獲取收益，從而維持自身運轉。在這個過程中，他們需要篩選出更容易被受眾點擊，更能夠廣泛傳播的內容推送到受眾面前。

如果完全由人力來完成這種操作，在當前訊息爆炸的時代可能並不現實。這時，網際網路智慧技術創造出了智慧算法，這相當於一個智慧的『守門人』，當然，它的認知結構和動機都是人為設定的。大家如果仔細研究應該會發現，不同平臺上的演算法是存在顯著差異的，但從整體上來看，基本是根據受眾過往行為來計算的。上面我說這種演算法是智慧的『守門人』，其實並不準確，它們很多時候並不夠智慧。」勒溫導師著重強調了這一點。

「您是說它們是可以被誘導的對嗎？從我的個人體驗來看，這些演算法雖然能夠判斷我所感興趣的訊息，並推送給我，但它們幾乎不會在意訊息的真假，很多時候推薦給我的內容有明顯錯誤。」馬鵬偉補充說明道。

「正是因為這一點，我才認為它們並不夠智慧。如果無法辨別真假，單純只是負責將各式各樣的訊息推送到受眾身邊，這種『守門人』有什麼作用呢？與其說它是在守門，不如說是在運輸。」勒溫導師解釋道。

「這可能也是很多擁有智慧算法的平臺依然需要人工審核的原因。在無法解決真假判斷這個問題之前，我認為大多數算法都無法被稱作『守門人』，它們雖說可以阻攔一些垃圾訊息騷擾受眾，但只做到這一點顯然是不夠的。

未來這種智慧算法能否出現新的變化，我也無法預測。我只是臨時了解了一下這些內容，說出了自己的一些看法，至於正確與否，大家還需要自己多去思考。」說完，勒溫導師迅速消失在同學們的視野之中。

第二節　新時代「把關」更難了

「上一節課，我講了自己研究得出的『守門人』理論，但在我離開後，這一理論又出現了較大發展。鑑於我的學生懷特無法來到這裡為大家講述，所以我來繼續為大家講一講在我之後『守門人』理論的發展。」勒溫導師想要再利用一堂課把這一理論徹底講透。

「在我之後，尤其到了懷特這裡，『守門人』理論已經被改稱為『把關人』理論。懷特曾經對一位年齡超過 40 歲的日本編輯進行了 7 天跟蹤調查，他想透過研究這名編輯如何處理每天收到的稿件，來得出影響把關人決策的因素。最終他得出了一個重要的把關公式，他認為，在一個具體的把關環節中，訊息的選擇可以用『輸入訊息－輸出訊息＝把關過濾訊

息』這個公式來表示。

懷特的研究很精確，得出的結論也很好，但我覺得他有些過分強調把關人的獨立權限，而忽略了可能存在的社會影響因素。在一些情況中，社會因素會對把關人篩選訊息造成較大影響，對於這一點，懷特的研究確實存在不足之處。」勒溫導師首先介紹了自己學生懷特的理論成果，並給出了點評意見。

「在懷特之後，麥克內利又進一步完善了這個理論。他將懷特的把關模式進一步擴大，認為把關發生在多個有關聯的環節，而不僅僅發生在一個封閉的門區之中。

他把訊息傳播過程看成了單向流動，認為訊息傳播者主宰著全部訊息，而各個把關環節間具有平等的作用。從現在的傳播學研究來看，這顯然是與現實不相符的。」勒溫導師又對麥克內利的理論研究進行了評述。

「在麥克內利之後，巴斯又進一步發展了這一理論，提出了『雙重行為模式』。他將大眾媒介的把關活動分成了兩個階段：在第一個階段『新聞採集』中，記者是主要的把關人，他們負責對需要報導的訊息進行篩選；而在第二個階段『新聞加工』中，編輯則是主要把關人，他們負責加工過濾訊息。

在上面這種把關人模式中，很顯然造成決定作用的是『新聞加工』階段，編輯的把關工作更具有決定性意義。」勒溫導師繼續評述。

「基本上，把關人理論的發展經歷了上述幾個階段，到現在，正如上節課提到的一樣，把關人已經出現了極大的變化。這主要是社會傳播環境變化帶來的結果，傳播技術的發展、傳播形態的轉變都促成了把關人的變化。接下來我想聽聽同學們對新時代把關人的變化有什麼看法。」勒溫導師在一連串評述之後，似乎打算停下休息，來觀看學生們的「表演」了。

「上節課我們提到了智慧算法機制，說到它的出現可能分擔了傳統把關人的工作。但在我看來，新時代的把關工作更難做了。一方面是因為現代的把關人不僅要兼顧各方面的效益問題，另一方面則是由於訊息成倍增長增加了訊息篩選的工作任務。總而言之，當前時代的把關工作越來越難做了。」馬鵬偉第一個說出了自己的看法。

「我認同這位同學的觀點。就拿我們最常用的社群媒體來說，任何人只要申請了社群帳號，就能隨時隨地發布訊息，大多數人更多會發布一些與自己相關的內容訊息，說說生活，談談藝術。但在特殊時期，尤其是出現突發事件時，人們便會將注意力聚焦到這些事件上，然後借助社群發布或傳播相關事件訊息。而在這些大量訊息中，可能就存在著諸多虛假訊息。如果說『三人成虎』的話，那這種情況下社群就成了動物園了。把關人員想要在短時間內處理如此多的訊息，難上加難。」盧方娜支持馬鵬偉的觀點，並舉了一個頗為生動的例子。

「如果從社群媒體上來看，我覺得現在的把關工作也不見得就變得困難了。在社群的傳播環境中，把關主體其實變多了，這與傳統的媒體環境是有所不同的。如果說社群上發文人是訊息生產者，那受眾既是訊息接受者，同時也是把關人。他們在接收到訊息的同時，也可以透過轉發和分享把訊息迅速傳播出去。在這個過程中，他們就已經對訊息進行了篩選和把關，當然他們在把關時更多是依靠自己的認知結構和動機來進行判斷的。」李文文給出了與其他人截然不同的觀點（如圖 3-2 所示）。

「你說的把關人主體增多是沒錯，但這並沒有降低把關的難度啊。正是因為更多受眾的轉發和分享，訊息傳播才更加不可控，把關才更困難了不是嗎？」針對李文文的觀點，盧方娜迅速給出了回應。

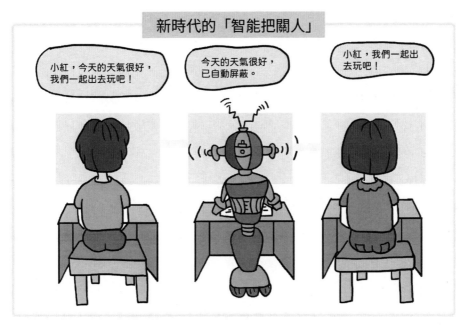

圖 3-2 新時代的「智慧把關人」

「我知道你說的是虛假訊息傳播的問題，你認為更多受眾參與訊息傳播，會導致訊息傳播更加不可控，是先入為主地認為受眾傳播的都是虛假訊息。如果是在這種假設情景下的話，我覺得談論什麼都是無意義的。」李文文針鋒相對地展開反擊。

「我沒有這種假設，我只是說在社群的傳播環境中，虛假訊息在一次次傳播過程中會不斷發酵，由此形成『三人成虎』的效果，真的被說成假的，假的被說成真的，把關人根本控制不住海量的訊息傳播。我覺得你要抓住問題的重點，不要曲解我的意思。」說完這些，盧方娜沒有坐下，而是擺出了隨時迎擊的準備。

「我沒有曲解你的意思，只是覺得你過多強調一次次傳播對虛假訊息的擴大作用，而忽略了每一個受眾身為把關人，也具有分辨真假的能力。

有些受眾會將虛假訊息傳播出去，有些受眾卻會在辨別之後傳遞出正確的訊息，這一點也是不容忽視的。」李文文似乎找到了對手的漏洞，並發起了猛烈攻擊。

原本氛圍不錯的群體討論瞬間演變成兩位同學的戰場，馬鵬偉和其他同學已經看呆了，勒溫導師的神情也似乎有些焦急和緊張。眼看「慘烈的戰爭」一觸即發，勒溫導師及時站了出來。

「很好很好，同學們的討論非常精彩。我覺得關於把關人理論在現代傳播環境中的變化這個論題似乎比較大，有興趣的同學可以將其作為畢業論文的選題，我們在這裡就不做延伸探討了。本週我們關於把關人理論的講解就到這裡，下節課我們將開始新的內容講述。」勒溫導師發表完講話後，又迅速地消失了。

第三節　人人都有「氣場」

「不知道上一節課的內容大家消化了多少，鑑於時間有限，我們的這一堂課依然要速戰速決。」勒溫導師以一句玩笑話開篇，但現場效果卻是十分有限。

「老師，這節課您想講些什麼內容？」馬鵬偉好奇地問道。

「這節課我們來了解一下自己，同時也了解一下我們身邊的生活空間。」勒溫導師的回答模稜兩可，幾乎沒有人知道他接下來要講些什麼。

「接下來我要講的內容在傳播學領域的應用可能並不多，更多人將其歸入到社會心理學範疇之中，但在我看來，涉及人的內容研究，或多或少都與傳播學有關聯。因此，大家了解一下這些內容，也是頗有益處的。」勒溫導師又開始了開講前的鋪墊工作。

「在課程開始之前，我想問一下大家對『場』這個概念的理解，有人知道這個概念嗎？」勒溫導師向同學們拋出了一個問題。

課堂中的同學都很清楚，勒溫導師既然專門提出了這個問題，就顯然不是在問這個概念的基礎含義，應該要說一些深層的意義才行。

「在物理學領域中，『場』是一個以時空為變數的物理量，主要有標量場、矢量場和張量場等類別。其被認為是可以延伸至整個空間的，但實際上，每一個已知的『場』在足夠遠的距離下，都將縮減到無法測量的程度……」馬鵬偉起身說了一大段內容，這讓同學們大為驚詫。

「說實話我也不太理解這些內容的意思，關於『場』這個概念，網路上是這樣寫的。」馬鵬偉笑著補充道。

「如果要刨根問底地說，你提到的這個概念我了解得也不是那麼深入，但我今天要說的『場』的概念確實是從物理學中借來的。」勒溫導師接過馬鵬偉的話說道。

「我所要說的『場』是一種個體與環境相互作用的整體形態，其不僅僅指知覺到的環境，而且還包括認知意義，既有物質環境中的某些事件，也包括個人信念、感情等精神層面的內容。

我們這節課的標題是『人人都有氣場』，相信經過上節課兩位同學的精彩辯論，大家也發現了這一點。但我這裡要講的『場』的理論，可並不僅僅是氣場那麼簡單，接下來我要講的內容，大家可要保持專注聽講才行。」勒溫導師似乎想稍微緩解一下課堂氣氛，但效果依然不那麼好，整個教室似乎又升騰起一絲戰爭的硝煙。

「我所說的這個『場』也可以理解為一種生活空間，其包括個體以及他的心理環境，是決定個體在某一時間裡的行為的全部事件的總和。我認為，人的心理和行為決定於內部需求和環境的相互作用，而人在過去和現

在形成的內在需求都可以看成內在的心理力場。如果人的需求沒有得到滿足，其便會在內部力場產生張力，而環境因素很可能促使這種張力產生。」勒溫導師開始了自己的講述。

「您說的這種力場和張力主要指的是什麼？是類似內心急切的感覺嗎？」盧方娜似乎有些搞不懂勒溫導師所說的力場和張力的問題。

「你可以這麼理解，我認為那應該是一種緊張狀態。處於特定生活空間下的個體，其身心需求與發展願望往往產生一種心理上的緊張或張力，通常情況下個體傾向於不斷消除或緩解自身的心理張力，實現心理平衡，而心理張力的消解依賴於需求與願望的滿足與實現，這就需求個體在緊張性力場下，不斷調整自身的身心狀態、認知理念、動機水準、行為意願等，以此更好地實現與環境的相互作用，達到個體內在心理和外部環境的平衡和諧狀態。

在個體行為表象的背後，往往存在著決定該行為的內在動力，而這種決定力量，主要是行為主體所處的整個主觀環境，也就是前面提到的『生活空間』或『心理場』。人的行為是其個體與環境相互作用的結果，由此去考察人的個體行為，我們可以找到人類行為的基本規律。」勒溫導師又給出了一大段更為專業的解釋。

「感覺還是不太清楚。」盧方娜依然一臉迷惑，課堂中的其他同學似乎也是如此。

「簡單來說，我所提出的這種場的理論，其目的主要在於預測個體的動機行為，由此得出的結論是人的行為是個體要素與其周圍環境相互作用形成心理場的結果。下面我以遊客遊玩景區時亂塗亂畫的不文明行為為例，具體來說一下其應用意義。」勒溫導師打算放棄理論論述，而改以現實例子進行解釋。

「遊客在文物古蹟上刻畫可以看作其個體需要，當這種個體需要與環

境要素產生矛盾，就會導致他對文物古蹟歷史意義認知的不完整，由此他便會產生刻畫意義超越保護意義的心理場，從而出現在文物古蹟上刻畫的不文明行為（如圖 3-3 所示）。

圖 3-3 個體需求與環境要素的矛盾催生不文明行為

從場論角度去考慮，遊客的這種不文明行為也是其個體因素與周圍環境因素相互作用的結果。這裡面的個人因素主要包括其個體需求、個人態度和個人價值觀等，而環境因素則是其生活的社會環境、景區的管理環境和周邊的情景環境等。」勒溫導師講完這些內容後，臉上流露出緊張神色，他環視課堂，似乎在等待大家的回應。

　　「現在明白了。我們是不是可以把這個理論用在傳播學領域，去研究受眾行為和心理方面的問題。」盧方娜似乎看出了導師的意圖，及時給出了回應。

　　「沒錯，在這堂課開始前我曾提到，這是社會心理學領域的重要理論，但既然涉及人的內容，就跳不出傳播學的範疇，所以將其應用在傳播學領域是沒有問題的。至於要怎麼來應用，我們將在下節課為大家繼續講述。」說到這裡，勒溫導師的緊張感已蕩然無存，他微笑著結束了這節課。

第四節　換個環境去影響你的受眾

　　「上節課末尾，我們留下了一個問題，在這節課我們來一起解決它。因為是本週的最後一節課，希望大家都踴躍發言、積極互動。」從勒溫導師的這段話來看，他似乎又打算將發言權交給同學們。

　　「關於場論的基本內容，我們已經在上節課中進行了介紹，但在傳播學領域的應用我們並沒有過多地展開說明，在本節課中，我們就一起來討論一下。

　　上節課我們談到遊客在景區不文明行為的產生，是遊客個體需求和周邊環境共同作用的結果。同學們還能舉出哪些例子來說明這一理論嗎？」

勒溫導師首先向學生們提出了問題。

「我覺得現在學生們普遍喜歡流行音樂，而對古典音樂的接受程度卻不那麼高，這之中也是場論在發揮作用。」脖子上掛著耳麥的林凱最先回答道。

「學生對音樂的偏好，不錯，這之中場論確實發揮著作用。」勒溫導師評價道，「還有其他的嗎？」

「當前社會上出現的各種犯罪行為，是否也可以用場論去解釋，那些犯罪分子的犯罪行為也應該是個體需求和周邊環境共同影響的結果？」盧方娜給出了另一種答案。

「犯罪行為，這樣表述沒有問題，但你能不能用具體的例子來說一說呢？」勒溫導師追問道。

「舉例來說，比如說一個人去金店偷竊，從個人需求來講，可能他比較缺錢，而且在他個人意識中可能認為偷竊行為沒那麼嚴重；從周邊環境來講，可能因為這家金店安保做得不好，連攝影機都沒安裝，也可能上一個在這家金店偷竊的人還沒有被抓住，給了他信心。正是這兩方面因素導致了他去金店實施偷竊行為。」盧方娜補充道。

「很好，這個例子解釋得很正確。在這裡我希望大家思考一下，如果這兩方面因素中，有一方面因素缺失，他是否還會去金店偷竊呢？」勒溫導師藉著盧方娜的例子提出了新的問題。

「個人需求缺失的話，這種行為肯定不會出現啊。都不想偷，怎麼能去偷呢？」馬鵬偉回答道。

「那環境方面的因素呢？」勒溫導師追問道。

「如果金店安保措施足夠嚴密，攝影機布置得密密麻麻，他應該也不會去偷竊了。明知道會被抓到，怎麼還去做呢？」馬鵬偉補充道。

「是這樣嗎？那麼那些去搶劫金店和銀行的人的行為又怎麼解釋呢？他們因為害怕被發現，就不去搶了嗎？」勒溫導師繼續追問道。

「因為他們蒙面了啊，所以還是怕被發現的。但這樣說的話，那即使環境條件不成立，個人需求足夠強烈的話，行為也會隨之發生，是這樣嗎？」馬鵬偉又將問題推了回去。

「如果是這樣的話，你們能得出什麼樣的結論呢？」勒溫導師沒有正面回答馬鵬偉的問題，而是提出了一個新的問題。

「這樣是不是說人的行為產生會受到個體需求和周邊環境的雙重作用，但這之中，人的個體需求是產生了決定性的作用，它在很大程度上決定著人的行為。這樣來說，我們就比較好去理解那些鋌而走險的人的行為了。」雖然在前面沒有回答問題，但李文文對這些問題的總結還是相當準確的（如圖 3-4 所示）。

傳播學家語錄：
一個人的動機行為由內在「心理場」和外在「環境場」共同決定。

圖 3-4 場動力理論

「沒錯，我想說的正是這個意思。在了解了這些內容後，我們要如何將其應用到傳播學之中呢？」鋪墊了這麼多內容，勒溫導師準備開始講述本節課的主要內容了。

「我雖然沒有對傳播學中的受眾行為進行過細緻研究，但從我的場論中，大家應該能對傳播學領域中的受眾行為有一些了解。接下來我們將討論的範圍局限在廣告宣傳這一事件之中，來一起聊聊該如何去影響自己的受眾。」勒溫導師為下面的討論確定了範圍，同學們也開始思考起來。

「廣告主對於受眾行為是極為重視的，廣告宣傳是他們影響受眾的主要手段，在廣告宣傳過程中，就會涉及我在場論中提到的個體需求和周邊環境等因素。關於這一點，有哪位同學可以用一個例子說明一下嗎？」勒溫導師問道。

「如果一家企業向消費者推廣自己的洗髮產品，那它在廣告宣傳中就需要注意受眾的個體需求和周邊環境的問題，當然受眾的個體需求是首要考慮因素。」盧方娜舉例說道。

「然後呢？」勒溫導師追問。

「在確定完目標受眾後，企業需要分析受眾的個體需求，比如他們的頭髮面臨哪些問題，他們在選擇洗髮精時想要達到哪些效果。然後在考慮周邊環境時，主要就是考慮如何設計廣告內容。可以選擇明星代言，讓明星去影響受眾。也可以考慮選擇普通人作為主角，讓受眾產生『效果看得見，自己也能行』的感覺。」盧方娜補充解釋道。

「我覺得企業需要先分析受眾的個體需求，然後再去確定目標受眾。就是說企業的洗髮精產品如果是控油保濕的，那它就應該將具有油性髮質、渴望控油的受眾作為目標受眾去宣傳，而不是先了解受眾頭髮有哪些問題，再去確定如何宣傳，這樣根本是本末倒置的。」李文文似乎找到了盧方娜例子中的問題。

「這為什麼是本末倒置？一家企業只有一款產品嗎？肯定是多種產品互為補充的啊！」盧方娜對李文文的質疑給予回應。

「我沒有說產品的問題，我說的是確定受眾需求的問題。」李文文回應道。

「好好好，兩位同學說得都很好，我們先不討論產品，也不討論受眾，還是回到廣告宣傳上來。」勒溫導師及時制止了一場「廝殺」。

「在廣告宣傳中，受眾的個體需求和周邊環境都是需要考慮的因素，這一點兩位同學說得都很不錯。在考慮個體需求方面，企業肯定是要抓住受眾的需求，才能去『對症下藥』的，受眾需求在廣告宣傳中造成決定性作用。而在周邊環境因素中，也正如第一位同學所說，廣告實際上就是在營造一種環境去影響受眾，其效果雖然不好確定，但確實是在發揮作用的。」勒溫導師分析道。

「廣告宣傳的目的是讓受眾產生消費行為，受眾消費行為產生需要靠其個體需求和周邊環境共同發揮作用。如果受眾覺得頭屑不斷，想要找一款去屑洗髮精，正好看到廣告宣傳說某明星用的一款洗髮精去屑效果很好，而在線下商場受眾又被推銷員百般勸說，最終買下了這款洗髮精。正是在這種情況下，消費者才產生了消費行為。

說了這麼多我們究竟想要表達什麼呢？這時候有必要重複一下我們的標題，『換個環境去影響你的受眾』。如果你的廣告無法影響到你的受眾，你可以試著換個環境，當然，想要從根本上影響到受眾行為，深挖受眾個體需求才是主要工作。」勒溫導師發表了最後總結。

「關於這一理論的其他傳播學應用，同學們可以在課下多多考慮，我的課程就到這裡了，很高興與大家分享我的知識。」說罷，勒溫導師便消失在同學們的視野之中。

第四章
保羅・F・拉扎斯菲爾德導師講「傳播效果」

在本章中，保羅・F・拉扎斯菲爾德導師將圍繞「伊利調查」為同學們介紹「傳播效果」的內容。身為傳播學四大奠基人之一的他，也是實地調查法的重要傳播者，對後來的傳播學研究方法產生重大影響。他將自己的「兩級傳播」、「意見領袖」和「選擇性接觸」等內容融入課程中，以社會現實為例，為同學們帶來了諸多精彩內容。

保羅‧F‧拉扎斯菲爾德

（Paul‧F‧Lazarsfeld，1901 年 1 月 2 日至 1976 年 8 月 30 日），奧地利裔美籍著名社會學家、傳播學家。其在 1925 年畢業於維也納大學，曾獲數學博士學位，並在社會心理學和傳播學研究方面著述頗豐。拉扎斯菲爾德對傳播學的主要貢獻在於提出了「兩級傳播」理論。其主要著作有《人民的選擇》、《美國士兵 —— 述評》、《社會研究的語言》等。

第一節　選戰宣傳的「傳播效果」調查

傳播學課程已經過去了三週，同學們的聽課熱情依然高漲，教室外面擠滿了人，坐在課堂中的盧方娜則在認真地整理筆記。知道這節課的導師是拉扎斯菲爾德之後，她花費了不少時間整理與其相關的理論，希望能夠在課堂上與拉扎斯菲爾德導師一同探討自媒體時代中的「意見領袖」問題。

有這種想法的自然不止盧方娜一人，很多同學似乎都有所準備，看來這一週的課程應該會更加熱鬧一些。

「各位同學大家好，本週的傳播學課程由我來為大家講述。在 1940 年，我和我的團隊一起進行了一項調查，調查的目的是發現人們為什麼以及怎樣決定投票，找到影響他們的主要因素是什麼。我在本週所要講述的內容，正是基於這一調查，所以在介紹具體理論之前，有必要先了解一下這次調查。」拉扎斯菲爾德導師並沒有過多介紹自己，而是直接切入了主題。

「可以問一下您是如何確保調查準確性的呢？現在我所接觸到的一些

社會調查，無論從過程還是結果看，都不那麼盡如人意。」提出問題的並不是在校學生，而是一位身著西裝的商務人士。

「在我們之前也有一些研究者做過選舉方面的調查，他們更多採用公共民意測驗的辦法，透過將政治觀點和個別選民的特點連繫在一起，來揭示選舉之前的選民投票意圖。為此，他們在投票的某些決定因素上做了大量細緻研究，但在這一方面我覺得他們所做的還是有所不足的。

我認為，對不同的人進行的連續的民意測驗，沒有辦法調查出全部效果。這種方法雖然可以找到各種轉變的結果，但卻忽視了一些次要轉變，在大多數情況下，研究者們並沒有指出誰在轉變。」拉扎斯菲爾德導師解釋道。

「您和您的團隊是因為這一原因才將調查對象集中在個人選民身上的嗎？」商務人士繼續問道。

「沒錯，因為此前研究者的調查無法追蹤個別選民在投票過程中無法預測的行為，所以沒辦法發現各種影響要素對選民最後投票所造成的作用。

我認為我們應該全程追蹤一個人在政治選舉中投票態度的轉變，從選舉開始前他對選舉的態度，到對正式的猛烈宣傳攻勢的反應，再到選舉日的實際投票。只有透過這樣全程追蹤的調查，我們才能更加準確地從既有傾向和刺激因素兩個方面確立各種影響投票的因素的作用。」拉扎斯菲爾德導師進一步闡述了自己的調查方法。

「那您能詳細為大家介紹一下這項調查的細節嗎？」商務人士問道。

「我確實打算這樣做，但因為時間有限，我只能挑一些重點細節說明。在後面的幾節課中，我將著重介紹我們得到的結論。」拉扎斯菲爾德導師解釋道。

「我們的調查是在俄亥俄州的伊利縣進行的,之所以選擇這裡:一方面是其選民規模較小,並且允許對調查人員進行嚴密監督;另一方面則是因為其較少受大的中心城市控制,比較具有典型特色。

我們透過逐戶探查的方式,從伊裡縣選出了 3,000 名具有代表性的選民。然後透過分層抽樣的方法,從測驗組中選取了 4 個 600 人的樣本組。這 4 個 600 人的小組中有 3 個都只被重複訪問了一次,我們將它們當作控制組,想以此來測試重複訪問對固定樣本組的影響。剩下的一個組被當作固定樣本組,在 5 月到 11 月期間,每個月都會被訪問一次(如圖 4-1 所示)。

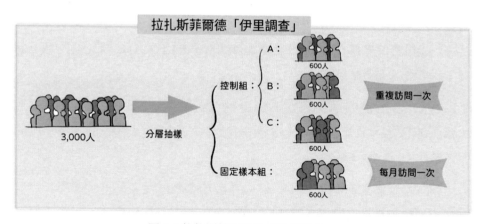

圖 4-1 拉扎斯菲爾德的「伊利調查」

從 1940 年 5 月到 11 月,我們對 600 人的固定樣本組進行了重複觀察,由此獲得了每位受訪者的大量訊息。我們蒐集的細節訊息可以表現出他們為何改變,也可以了解到他們的政治偏好是如何形成的。」拉扎斯菲爾德導師詳細介紹了調查的各個細節。

「在調查過程中,是否有一些比較典型的例子,來幫助您得出並印證最後的調查結論?」商務人士繼續問道。

「這種例子有很多，仔細想來，確實有一個例子頗為典型。」拉扎斯菲爾德導師似乎在盡力回憶著什麼。

「在我們調查的選民中，有一位選民比一般選民的態度變化更為頻繁，所以我們特別關注了他。這是一個年輕人，在 5 月選舉開始時他並沒打算選任何人，但在 11 月他卻選擇了羅斯福。」拉扎斯菲爾德導師講到這裡時停頓了一下。

「他是突然就做出了決定嗎？」穿著西裝的商務人士並沒有坐下，而是趁著導師停頓的間隙，插入了自己的問題。

「不不，如果你認為他是在某一時刻突然而輕易地做出了決定，那就大錯特錯了。事實上，他的投票過程是非常曲折的。」拉扎斯菲爾德導師及時糾正了商務人士的錯誤理解。

「這是他第一次參加投票，受過高中教育的他經濟背景還可以。最初他是支持共和黨提名人塔虎脫的，原因很簡單，這位提名人也是俄亥俄州的居民。但由於小夥子的祖父忠於民主黨，這讓他多少產生了一些動搖。

7 月，他為了讓祖父高興，表示一定會選擇羅斯福。而到了 8 月，由於羅斯福支持徵兵制度，他又轉向支持威爾基，雖然當時他對威爾基這個人幾乎一無所知。

在接下來的時間裡，他又陷入了猶豫不決之中，他對徵兵制度不滿，所以反對投票給羅斯福。但由於對威爾基完全不了解，他也不想輕易投出自己的選票。在這段時間，他甚至打算投出棄權票。

就在投票前的幾天時間裡，他依然不確定把票投給誰。但在投票選舉當日，他將選票投給了羅斯福。因為他討厭威爾基在電視新聞中拉選票的行為，同時他也受到自己同工廠的同伴影響，他們都投給了羅斯福。

從這位年輕人投票的過程可以發現，在使用重複訪問方法之前得到的

數據，大多數是不可信的。我們用固定樣本的方法更為有效地解決了選舉調查這個問題，同時得出了一些更為準確的結論。」拉扎斯菲爾德導師解釋道。

「透過這種調查方法，您主要得出了哪些更為準確的結論？或者說，這種方法到底怎樣幫到了您呢？」商務人士再一次提出問題，這顯得整個教室中似乎只有他一個人一樣。

「這種方法幫到我的地方有挺多的，單純在傳播效果方面就有很多。利用這種方法，如果受訪者在兩次訪問期間改變了自己的投票意圖，那我們就可以在這個過程中及時捕捉到他的態度。

當然，我們沒必要去調查一個一輩子都支持共和黨，並始終堅持為共和黨投票的人。但如果一個選民上個月還打算投票給民主黨，但這個月卻打算投給共和黨，在這種改變中我們就需要去判斷宣傳的有效性和選民所受到的各種影響了。

如果你想問我們得出了什麼結論，答案似乎會令你感到遺憾，我們認為大眾媒介對選民的影響是非常有限的。」拉扎斯菲爾德導師見商務人士似乎又要提問，迅速用調查結論進行了總結，從而結束了自己的第一堂課。

第二節　很遺憾，大眾媒介影響不到選民

「1940 年選舉開始後，民主黨和共和黨掀起了激烈的選戰。選戰雙方都很清楚，他們所要做的不是讓選民在自己已有意識基礎上形成新的主張，而是要讓他們肯定自己舊有的見解。參選者們之所以注重選戰，是因為他們都知道選戰可以激發選民潛在的既有傾向。

那這些參選者們究竟要使用哪些手段去激發選民潛在的既有傾向呢？

關於這個問題，我想聽聽大家的看法。」第二節課一上來，拉扎斯菲爾德導師首先提出了一個問題。

上堂課中的商務人士似乎並沒有出現在課堂之中，這導致拉扎斯菲爾德導師的問題提出後，並沒有人立刻站起來回答。

「在過去時代，主要是依靠報紙、雜誌和廣播等大眾媒介，更近一些，電視媒介開始出現，而到了現在，網際網路則成為主要的訊息傳播手段。」盧方娜將從過去到現在的大眾媒介都提了一下，唯恐自己漏掉了哪一個。

「人與人之間的口耳相傳也應該是選戰中的一種主要傳播方式，很多時候，從效果上來看，直接的人際傳播要比廣泛的大眾媒介宣傳效果更好。」李文文對這一問題進行了補充，結合兩人的答案，這個問題的回答已經近乎完美。

「很好，綜合兩位同學的回答，我們可以得到一個頗為完整的答案。在調查中，我們將正常的激發過程分為四個階段，分別是宣傳喚起注意、興趣增大引致接觸增多、注意是選擇性的，以及選意確定。

在『宣傳喚起注意』階段，隨著選戰宣傳力度的增加，人們對選舉的興趣會持續增長；在『興趣增大引致接觸增多』階段，當人們了解選戰後，會開始主動收聽周邊相關訊息；在『注意是選擇性的』階段，選民開始意識到身邊發生的一切，面對諸多宣傳開始進行選擇；在『選意確定』階段，選民的潛在傾向被激發出來，他們已經有了足夠的理由做出決定。」拉扎斯菲爾德導師繼續講述選戰宣傳是如何影響選民的。

「如果選民在選戰開始前就確定了該投給誰，而在選舉投票時也確實這樣做了，那是不是說選戰宣傳對這些人絲毫沒有影響呢？」盧方娜適時提出了自己的問題。

「這種觀點是完全錯誤的。對於這些人來說，選戰宣傳對他們的影響就是讓他們保持了以前的決定，而沒有做出新的決定。也可以說，選戰宣傳對他們的投票行為產生了強化。」拉扎斯菲爾德導師解釋道（如圖 4-2 所示）。

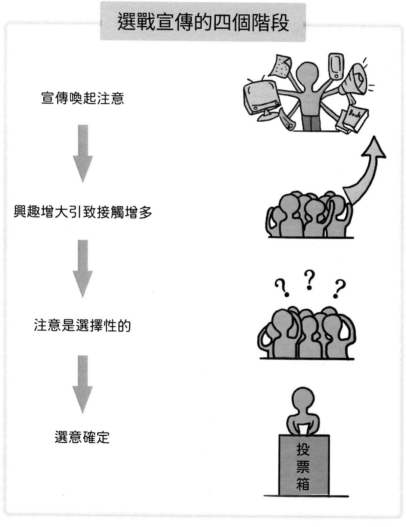

圖 4-2 選戰宣傳的四個階段

「那您在上節課末尾為何又會說到『大眾媒介對選民的影響是非常有限』的呢？這些選戰宣傳不正是透過大眾媒介在發揮作用嗎？」盧方娜繼續追問道。

「沒錯，大眾媒介確實會在選戰宣傳中發揮作用。事實上，選戰宣傳正是透過被廣泛閱讀的報紙、雜誌，以及被最廣泛收聽的競選演說和新聞廣播而進入伊利縣的。伊利縣的聽眾和讀者所接觸到的選戰情報與全國各地的聽眾讀者接觸到的內容並沒有太大區別。

在 1940 年的選戰中，許許多多的人都參與到了選戰宣傳之中，由此帶來了極大的選戰訊息輸出量。但是，這些選戰訊息有多少被人們接受了呢？答案很可能會出乎大家的預料。」拉扎斯菲爾德導師說。

「我們以選舉日前幾天來說，這幾天可以算得上大眾媒介政治宣傳最為激烈的日子了，報紙、雜誌和廣播中充斥著選戰雙方的政治宣傳，如果人們想要獲取選戰資訊，這些天無疑是最好的時候。但實際情況又是如何呢？

在選戰的最後 12 天中，伊利縣的受訪者中有 54% 聽過至少 1/5 的政治演說廣播；有 51% 的人讀到過至少一篇於訪問前一天出現在他們喜愛的報紙頭版上關於選戰的報導；也有 26% 的人在流行的大眾雜誌上讀到至少一篇有關選戰的文章。但更為重要的是，在這段時間裡，大約有一半的人不再去理會雜誌上關於選戰的報導。也就是說，選戰的政治宣傳在這段時間甚至沒有觸及他們。」解釋了諸多內容，拉扎斯菲爾德導師終於講到了重點。

「您的意思是說，有一半的選民在選舉後期基本不去接觸，或者說接觸不到大眾媒介傳遞而來的選戰資訊嗎？」盧方娜似乎並不認可導師的內容，她繼續提出自己的疑惑。

「不去接觸這種說法並不確切，接觸不到在一定程度上是存在的。一

般來說，對選舉感興趣，並且在最初便做出決定的人，會更多地去接觸選戰宣傳。從受眾角度考慮，這些受眾並不是選戰經理們的目標受眾。選戰經理們最希望將選戰宣傳資訊傳遞給那些還沒有做出決定的選民們，而這些人也恰恰是接收到宣傳最少的群體。

這也是我們在選戰調查中發現的有趣現象，那些接觸到選戰資訊最多的人往往是最不可能受到影響的，他們早早便做出了決定，在選戰宣傳中也一直堅持著這個決定，所以選戰宣傳不可能改變他們的投票決定。

前面提到，選戰宣傳的目的在於轉變選民的決定，但它們最可能到達的人群卻是最不可能發生轉變的選民，而最易發生轉變的人們則幾乎不可能接觸到選戰宣傳的資訊。這正是我們得出『大眾媒介對選民影響非常有限』這一結論的主要原因。」拉扎斯菲爾德導師似乎打算對這個問題進行蓋棺定論，直接進行了總結說明。

「那要這種選戰宣傳有什麼用呢？但從現實來看，這種宣傳確實影響到了大多數選民啊？」盧方娜似乎依然存在疑問。

「大多數選民確實受到了選戰宣傳的影響，但這種影響並非是直接產生的，而是透過一些中間介質，或者說是中間人來實現的。

在整個選戰宣傳中，政治訊息傳播需要經歷兩個過程：第一個過程就是從大眾媒介開始向外傳播，其所指向的主要是輿論領袖，也就是前面提到的對選舉感興趣的人。第二個過程則是從輿論領袖開始，向社會大眾擴散，輿論領袖所傳播的是經過他加工的大眾媒介訊息，所以最終對大眾產生影響的訊息，主要是輿論領袖向大眾傳播的。

關於這一方面的內容，我們將在下節課中進行詳細講述，在這裡就不進行展開論述了。」拉扎斯菲爾德導師在解答完學生的問題後，結束了自己的第二堂課。

第三節　人際傳播的作用要大於媒介傳播

「在 1940 年的選舉中，廣播、報紙和雜誌作為主要的大眾媒介，在選戰宣傳方面發揮了重要作用。我們在進行傳播效果調查時，曾對這幾種大眾媒介進行過探討，得出了一些有用的結論。在開始講解新的課程之前，我想先說說這一方面的內容。

我們在大選剛結束時，就要求選民們回憶他們獲得的，引導自己做出投票決定的訊息大多來源於何處，接著又詢問他們認為最重要的訊息來源是什麼。透過總結選民們的回答，我們得出結論 —— 在正式媒介對投票意圖或真實投票行為的影響程度上，廣播要比報紙更為有效。」拉扎斯菲爾德導師說道。

「根據上面的結論，我們是否可以認為，在現在的選舉中，網際網路的資訊傳播效果要比電視新聞更好一些呢？」盧方娜問道。

「為什麼會得出這樣的結論，說說你的理由。」拉扎斯菲爾德導師反問道。

「以我個人來講，在眾多大眾媒介中，我與網際網路的接觸較多，廣播、報紙和雜誌很少看，電視媒介因為不那麼便利，所以也很少選擇。而且在現在網際網路可以作為其他大眾媒介的載體，在網際網路上也更容易獲得即時訊息。」盧方娜解釋道。

「你所說的即時訊息這一點我較認同，之所以在 1940 年的廣播報導要比報紙雜誌效果更好，主要是因為其可以調動選民的情感。在廣播中，選民們可以聽到候選人的重要演說，聽到選舉經理們的搖旗吶喊，這要遠比印刷媒體有溫度得多。而在現在，網際網路確實也可以做到這一點。」拉扎斯菲爾德導師回應道。

「這樣來看大眾媒介在選戰中不是造成了影響選民的作用嗎？」林凱問道。

「確實造成了作用，但從效果上來說，這種作用要明顯小於人際傳播所發揮的作用。」拉扎斯菲爾德導師回應道。

「除了關注選戰宣傳中的大眾媒介，我們還著重調查了選民中究竟哪些人對選舉更感興趣。大家現在可以根據自己的經驗推斷一下，究竟哪些人是對選舉最感興趣的。」拉扎斯菲爾德導師提出了一個與同學們互動的問題。

「應該是上了年紀的人吧，像我爺爺那輩的人會更關注政治上的事情。」林凱說道。

「這和受教育程度有一定的關係，一般受教育程度較高的人會更關注這方面的事情，他們也更容易理解這些事情。」李文文回答道。

「應該也和經濟收入有關，沒錢人沒時間關注那些與吃飽飯無關的事情，有錢人才會去想這些。」馬鵬偉的語氣雖然不是那麼正經，但回答卻很中肯。

「很好，看樣子大家不用調查就知道答案了。我們在調查中發現，那些對大選最感興趣的人往往生活在城市地區，具有較高的受教育程度和較高的社會經濟地位，以男性和老年人居多。

同時，我們發現對選戰參與程度最低的是那些不投票的人，而對選戰參與程度最高的則是那些『意見領袖』們。

關於『意見領袖』，這是我和我的團隊給這群人定的一個稱呼。在每個公共領域和每個公共問題上，都會有某些人最關心這些問題並且對之談論得很多，我們將這些人稱為『意見領袖』。」拉扎斯菲爾德導師又是鋪墊了許久，才引出了自己的重要觀點。

「需要指出的是，意見領袖與同社區中的社會名流、最富有者和公民領袖可並不是一回事。他們存在於每一個社會群體之中，雖然數量較少，

但他們政治思想非常活躍、敏感，並且喜歡影響其他人去做出決定。

在人際關係網中，意見領袖扮演著重要的角色，他們要比其他選民更常參與政治談論。我們曾單獨對這些意見領袖進行調查，他們認為正式媒介是比人際關係更為有效的訊息影響來源，這就是說訊息傳播最初是從廣播和印刷媒介流向『意見領袖』，然後再從『意見領袖』傳遞到那些並不活躍的人群的。」在介紹完『意見領袖』理論之後，拉扎斯菲爾德導師又闡述兩級傳播理論。

「在這種兩級傳播模式中，我們要如何界定哪種是哪一級傳播對選民的影響更大呢？如果沒有第一級傳播存在，會發生第二級傳播嗎？」盧方娜問出了關鍵問題，從拉扎斯菲爾德導師的表情來看，這個問題似乎並不好回答。

「我們在調查中曾將選民們劃分為幾個不同的類型，如『5 月選民』、『6 ～ 8 月選民』、『9 ～ 11 月選民』等。我們發現那些在最後時段做出決定的人們對選舉的興趣更低，而且他們大都受到了更大的多重壓力。這些多重壓力主要是影響投票決定的各種因素，其表現是全方位的（如圖 4-3 所示）。

圖 4-3 兩級傳播

在選戰中較晚做出決定的人，在解釋自己如何形成最終投票決定時，普遍提到了個人影響。我們也發現，那些對大選不太感興趣的人也更多的是透過這種人際交流來獲取訊息，而不是將正式媒介作為訊息來源的。從調查數據來看，那些曾經不打算投票，但在最後又投了票的選民中，有 3/4 的人提到了個人影響。

　　我們在大選之後，曾詢問選民從哪些來源得到的訊息更多，並影響了他們最終投票的決定，那些在大選中發生過轉變的人比那些始終保持自己投票意圖不變的人更多地去提到他們的朋友或家庭成員。」拉扎斯菲爾德解釋道。

　　「關於人際傳播是如何影響選民投票意願這一問題，您能詳細分析一下嗎？其背後是否存在著什麼隱性的因素在作用？」盧方娜繼續展開追問。

　　「我不大了解你所說的這種隱性因素是在指什麼，關於人際傳播是如何起效果的，我覺得掌握了人際關係的關鍵，應該能更好地理解這一問題。下面我來逐一進行介紹。」拉扎斯菲爾德導師似乎要展開長篇論述了。

　　「第一，人際交往通常是無目的性的，其在影響個人意見時也往往有此特徵。比方說，一個人在觀看電視新聞時可能會認為新聞是在向自己有意識地傳輸什麼內容，由此他可能會在大腦形成潛在的牴觸情緒。而在人際交往中，同樣的內容被偶然提及，人們反而更容易接受，而較少有內在的牴觸。

　　第二，人際交往具有一定的靈活性，即使對方產生牴觸情緒，我們也可以透過面對面的交流去制衡或消減這種牴觸情緒。如果談話的內容讓對方感到厭煩了，及時轉換話題，或者稍做讓步，對方就會繼續聽我們講下去。

　　第三，當人們屈從於個人影響而做出決定時，其所獲得的好處是即時

性和個體性的。如果一個朋友推薦你購買一件商品，你選擇順從，會讓他感到喜悅。相反，如果拒絕他，他可能會感到悲傷。

第四，在人際交往中，人們往往會更容易信任其所處群體中受自己尊敬者的判斷和評估。相比於大眾媒介的判斷，人們更願意相信自己身邊人的建議。

第五，回到選舉投票中，如果你沒有想好把選票投給誰，而這時你的朋友跑過來要拉著你一同把票投給羅斯福，你會拒絕他嗎？大多數人都會跟著朋友一起去投票，顯然這一點是大眾媒介無法做到的。

上面提到的幾個人際關係的特點正是我在此次選舉調查中得出的，在現實生活中，大家應該能夠找到更多的相似例子。關於這一方面問題，本節課就講到這裡，下一節課我們來詳細探討一下『意見領袖』的問題，相信有很多同學對這個問題感興趣。」拉扎斯菲爾德導師一口氣說完了人際關係的特點後，對本節課進行了總結。

第四節　一個 KOL 的自我修養

「在上一節課中我們提到，在大眾傳播中，大眾媒介向社會大眾傳遞資訊時，存在兩級傳播現象。而在兩級傳播中，『意見領袖』發揮著重要作用。」拉扎斯菲爾德導師這一次沒有鋪墊，而是直接切入了課程的主題。

「大眾媒介傳播出來的訊息並不會全都直接到達每個受眾，很多時候這些訊息會被『意見領袖』先接受。在分析判斷後，『意見領袖』會對訊息進行篩選和加工，可能還會加入一些自己的想法，然後再將這些訊息傳達給受眾。『意見領袖』們想要透過這種方式來影響其他受眾，從而讓受眾對大眾媒介的訊息產生這樣或那樣的看法，在一定程度上受眾的看法和態度，還會在小範圍內形成輿論。

當然，這是我們那個時代的『意見領袖』，在本節課中，我想和大家聊的是你們這個時代的『意見領袖』。網際網路發展到今天，『意見領袖』已經不再局限於上節課我們談到的那些人。現在同學們可以好好想一想，自己身邊哪些人擔當了『意見領袖』這一角色。」拉扎斯菲爾德導師在本節課中似乎很有意願要與同學們互動。

　　「那些各大平臺上賣貨、業配的直播主們應該算得上是現代的『意見領袖』了，他們的一場直播動輒就能賣出幾十萬、幾百萬元，相比於大眾媒介上的廣告宣傳，她們的傳播效果可以說是極為高效了。」盧方娜依然第一個給出了答案。

　　「遊戲直播主也算是『意見領袖』吧，他們會給粉絲帶來一些最新消息和遊戲技巧。雖然很多消息和技巧在網上都有，但粉絲們還是喜歡去觀看直播。」馬鵬偉也給出了自己的答案。

　　「PTT 論壇中的版主應該也算『意見領袖』，在這些網路社群中聚集著大量網友，版主往是很有威望的，他們的價值判斷、意見想法和態度行為，很容易影響其他網友。」林凱回答道。

　　「我認為現代的『意見領袖』並不容易界定，無論是賣貨、業配的直播主或網紅，還是論壇的版主，他們都無法代表一類人。有足夠威望和影響力的代表確實可以成為『意見領袖』，但他們之中絕大多數的人也只是普通受眾而已。」李文文以一種總結發言的口吻結束了同學們對這一問題的回答，現在又輪到拉扎斯菲爾德導師進行論述了（如圖 4-4 所示）。

　　「在講『意見領袖』之前，我想先說說網路媒介與傳統媒介的區別，這將有助於我們更好地了解網路時代的『意見領袖』們。」看樣子，拉扎斯菲爾德導師又要鋪墊了。

　　「在傳統的大眾媒介中，訊息傳播的傳播者非常明確，他們在傳播活

動中占據著主動地位；而接受訊息者往往處於被動地位。因為他們在大多數時候是難以準確定位的，所以其與傳播者間的互動也是十分有限的。但在網際網路出現後，這種局面就得到了顯著改善。

　　在網際網路上，每個人都可以作為傳播者去傳播訊息，同時也可以身為受眾，去接受訊息。傳播者和受眾間的互動顯著增強，交流反饋也明顯增多。這種改變同時也影響了『意見領袖』的形成，網際網路時代的『意見領袖』與 1940 年時的『意見領袖』已經完全不同了。」一段簡短的鋪墊後，拉扎斯菲爾德導師又將話題引導到「意見領袖」上。

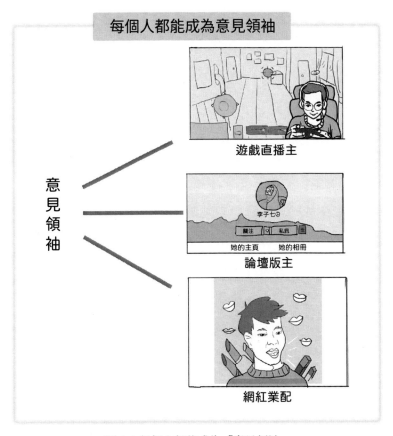

圖 4-4 每個人都能成為「意見領袖」

「傳統的『意見領袖』多形成於小群體或小圈子中，他們主要在人際傳播和組織傳播中發揮作用。在網際網路時代，論壇、平臺成為孕育『意見領袖』的載體，這些虛擬社區中產生的『意見領袖』要遠多於原有的小群體或小圈子。

「在剛才回答問題時，最後一位同學提到並不確定這些『意見領袖』們是否算得上真正的『意見領袖』，這也是我們接下來要講的內容。現在我想問一下在座的各位同學，你們認為網路時代的『意見領袖』是如何形成的？」拉扎斯菲爾德導師再次提出了問題。

「一般來說，至少要掌握一些稀缺的資源，像那些賣貨的直播主們，至少你推薦的商品要比其他人買得便宜，同時還要保證商品的品質。做到這兩點的直播主，基本上就可以影響到一定數量的粉絲去購買了。」盧方娜從自己的角度回答了導師的問題。

「遊戲直播主們肯定是靠自己玩遊戲的水準和對遊戲的理解，他們得有自己不一樣的東西傳遞給粉絲，不然沒人會買帳。」馬鵬偉則延續了自己一貫的答題風格。

「論壇的版主首先要保證發文量和文章的品質，至少你要在這一領域足夠專業，對這一方面了解得足夠透澈，這樣你的話才有人信。」林凱回答道。

「大家說得都很不錯，一個傳播者如果想成為『意見領袖』，至少要能說服別人，如果沒人相信你，你又如何去影響別人呢？大家都抓住了這一點，這是非常不錯的。」拉扎斯菲爾德導師肯定了同學們的回答。

「最後一位同學提到了論壇中的發文問題，重點抓得很準，在網際網路虛擬社區中，足夠活躍應該是成為『意見領袖』的重要前提，很難想像一個經常『潛水』的人能夠成為『意見領袖』。

此外，大家還提到了在相關領域的專業度問題，這是成為『意見領袖』的必要條件，由古及今都是如此。這兩方面的特徵是各個時代的『意見領袖』都需要具備的，而還有一些特徵，在傳統媒介時代很必要，在網際網路時代的必要性就沒有那麼強了。

在傳統大眾媒介語境下，『意見領袖』必須足夠活潑，他們需要面對面與受眾展開交流，這對於一些滿腹經綸卻又不善交流的人來說，是非常不友好的。而在網路媒介中，『意見領袖』並不需要去面對面與受眾交流，他不必手舞足蹈地向受眾解釋或介紹，而只需要用文字表達出自己的深邃思想即可。

當然，在一些特殊情況下，善於交際還是非常重要的，賣貨直播主們如果做不好這一點，現場氣氛應該會非常尷尬的。」拉扎斯菲爾德導師並沒有將自己的論斷作為結論，而是舉出了一些特定的例子。

「現在我們再去考慮考慮最初一位同學的回答，她認為現在的很多賣貨直播主、論壇版主都不能算是『意見領袖』。我想將這個問題作為本節課的最後一部分內容來講解，在此之前，我希望先聽聽同學們的看法。」拉扎斯菲爾德導師又向同學們拋出了問題。

「沒有人會認為所有賣貨直播主都是『意見領袖』，有這種想法的人是想得太絕對了。」盧方娜回答道。

「我覺得現在的『意見領袖』在含金量上與之前比要差很多，這可能是進入門檻被降得太低了。很多人利用網際網路的便捷性充當『意見領袖』去欺騙他人，這在之前是較為少見的。」李文文對此前的問題進行了補充（如圖 4-5 所示）。

「關於這一問題，我想表達的是，與此前時代相比，網路時代中『意見領袖』的形成時間確實大幅縮短了。傳統『意見領袖』地位的形成，需

要在日積月累中讓他的言論口耳相傳，這樣才能在群體中樹立威信。而網路時代的『意見領袖』借助於網際網路上訊息傳播的高效性，可以更快形成威望，所以成為網路時代的『意見領袖』要更容易一些。

　　但是，必須要指出的是，由於網路上訊息的不對稱性，『意見領袖』所傳播訊息正確與否，很多時候是需要受眾自己去驗證的。如果盲目聽信『意見領袖』的言論，很容易被誘導掉入別人挖好的『坑』中。」在總結之後，拉扎斯菲爾德導師話鋒一轉，給大家提出了警示。

傳播學家語錄：
大眾媒介既可以為「善」服務，也可以為「惡」服務，意見領袖們亦是如此。

圖 4-5 「意見領袖」的「善」與「惡」

第五節　誰在影響大眾傳播的效果

　　轉眼間，拉扎斯菲爾德導師的傳播學課程進入最後一節，前來聽課的同學們依然人數眾多，相比於前面的課程，拉扎斯菲爾德導師所講述的內容似乎引起了更多同學的興趣。

　　「在前幾節課中，我們始終在強調大眾傳播效果的問題，並且介紹了兩級傳播和『意見領袖』的相關理論。經過這幾節課的學習，不知道大家

是否了解了究竟是什麼因素在影響大眾傳播的效果？」拉扎斯菲爾德導師問道。

在前面的課程中，拉扎斯菲爾德導師似乎並沒有提到「影響大眾傳播效果的因素」這一問題。這時候突然發問，讓在座的同學們感到頗為詫異，以至於一時間並沒有學生站起來回答問題。

「看樣子我們有必要在這節課中著重介紹一下這個問題，這一問題對於大家了解大眾傳播，並了解其效果發揮，具有非常重要的作用。」看到無人應答自己的問題，拉扎斯菲爾德導師只得繼續說道。

「此前研究者認為大眾傳播就像是帶有魔法的子彈一樣，能夠輕易左右受眾的態度和行為。但在我看來，大眾傳播的效果是有限的。除了對1940年選舉進行調查研究，我和夥伴們還展開了一些其他方面的研究，正是基於這些調查研究，才得出大眾傳播對受眾影響有限這一結論。

在得出上述結論的同時，我們還找到了制約和影響大眾傳播效果的四個中介因素，它們分別是選擇性接觸機制、媒介本身的特性、訊息內容和受眾本身的特質。在本節課中，我會著重介紹選擇性接觸機制，而其後面的三個因素，我希望由同學們自己來思考（如圖4-6所示）。

首先大家先來試著討論一下後面三個中介因素是如何影響大眾傳播效果的吧！」拉扎斯菲爾德導師打算先將簡單問題交給同學們自己思考，而後由自己來解決不容易理解的問題。

「媒介本身的特性我覺得應該是媒介管道的問題，在大眾傳播中，選擇不同的媒介管道，傳播效果會有所不同。在前面的課程中導師您也提到過，在1940年選舉中，廣播要比報紙和雜誌的傳播效果好。所以媒介特性對傳播效果的影響，應該從不同媒介管道的不同特性去分析。」戴著高度近視鏡的鄭朋率先回答了導師的提問。

影響大眾傳播效果的中介因素

選擇性接觸機制

媒介本身的特性

受眾本身的特質

資訊內容

圖 4-6 影響大眾傳播效果的中介因素

「沒錯，這與我想的是一致的。」拉扎斯菲爾德導師對此給予了積極回應。

「訊息內容的範圍是很廣泛的，其中應該有語言表達的方法技巧不同，大眾傳播產生的效果也會有所不同。訊息內容越勁爆，關注並受到影

響的受眾應該會越多，大多數人都會在好奇心的驅使下，去繼續對訊息內容進行挖掘。」馬鵬偉對另一個中介因素發表了自己的看法。

「表達得較準確，但是內容的勁爆性對大眾傳播效果的影響如何，我還需要進一步調查研究，才能得出一個準確的答案。」拉扎斯菲爾德導師的點評顯得非常謹慎。

「從受眾角度來說，正如您在 1940 年選舉調查中得到的結論，受眾的既有政治傾向會影響大眾傳播的效果。如果選戰宣傳訊息傳遞到一位已經堅定投票選擇的選民那裡，他可能因為對選舉不感興趣，而不再對外傳播消息。相反，如果訊息傳遞到『意見領袖』那裡，他們應該會為自己支持的候選人繼續搖旗吶喊，去影響更多的選民。」盧方娜運用導師自己的理論回答了導師提出的問題，博來了導師的會心一笑。

「受眾的社會關係也會影響大眾傳播的效果，一個隱居山林的人不僅不容易獲得訊息，也很少會對外傳遞訊息。而一個被聚光燈包圍的人，不僅被訊息環繞，他自身更是一個訊息擴散器。」李文文對盧方娜的回答進行了補充。

「很好，這個『擴散器』的比喻很不錯。」拉扎斯菲爾德導師對同學們的回答顯然十分滿意。「那麼下面我就來介紹影響大眾傳播效果的第一個因素 —— 選擇性接觸機制。」

「在 1940 年選舉調查之前，我和同伴發現，那些促進美國社會中來自不同國家移民之間相互了解的廣播節目，很少能夠產生效果。經過分析我們發現，其主要原因在於大多數聽眾通常只會收聽節目中那些與自己國家相關的內容。

到了 1940 年選舉調查時，我們再次印證了自己的發現。在整個選戰宣傳過程中，只有 8% 的選民改變了自己的投票意向，大部分選民都沒有

發生改變。由此我們認為，受眾的既有政治傾向在很大程度上影響著他們的媒介接觸行為，他們會區別對待傳播內容，而去更多地選擇接觸那些與自己既有立場和態度相一致或接近的內容。這就是我們提出的『選擇性接觸』理論。」拉扎斯菲爾德導師介紹道。

「我們在選擇收看新聞時，有的同學喜歡看政治新聞，有的同學喜歡看娛樂新聞，有的同學則喜歡看軍事新聞，這是不是就是選擇性接觸所導致的呢？」盧方娜問道。

「可以這麼理解，在這一情境中，興趣和個人愛好成為大家選擇的依據。在一些其他情境裡，群體價值和群體規範很多時候也會成為受眾選擇的依據。」拉扎斯菲爾德導師解釋道。

「在我研究的基礎上，我的學生伯克從研究受眾心理出發，將受眾的選擇性接觸機制改稱為選擇性心理，並將其劃分成選擇性注意、選擇性理解和選擇性記憶三個具體的環節。

而所謂的選擇性心理就是指在訊息傳播過程中，受眾並不是對訊息不加選擇地接觸，他們會根據自身實際情況有目的地挑選那些他們感興趣的，或對他們有用的訊息。而那些對他們沒用或與他們認知不相符的訊息，往往會被過濾掉。此後，那些符合受眾自身習慣理解和自身邏輯的訊息，還會被貯存和記憶起來。」拉扎斯菲爾德導師說道。

「好了，在經過這幾節課的學習後，相信大家對傳播效果應該有了一個較為清楚的認知。據我所知，在後面的課程中，大家還會了解到其他導師關於傳播效果的理論，到時相信大家對傳播效果的了解將會更進一步。我的課程到這裡就結束了，很高興有機會與大家交流學習。」發表完總結陳詞後，拉扎斯菲爾德導師逐漸消失了。

第五章
哈羅德・D・拉斯威爾導師講「傳播的結構與功能」

在本章中，哈羅德・D・拉斯威爾導師從「5W 模式」講起，論述大眾傳播的主要功能。在後兩節課程中，他還著重為同學們介紹了宣傳的作用，並結合當下的社會語境，介紹了幾種常見的宣傳技巧。

哈羅德‧D‧拉斯威爾

（Harold D‧Lasswell，1902 年 2 月 13 日至 1978 年 12 月 18 日）是 1950 年代至 1970 年代美國社會科學大師。他在芝加哥大學獲得哲學學士學位後，又在歐洲等國著名大學繼續攻讀研究生課程，獲得了博士學位。

其一生共發表了超過 600 萬字的學術著作，包括政治學、社會學、傳播學等諸多領域內容。在傳播學領域中，他提出了著名的「5W 模式」和「三功能學說」，代表作品有《傳播的結構和功能》、《世界歷史上的宣傳性傳播》、《世界大戰中的宣傳技巧》等。

第一節　定義傳播學的本質結構

「大家好，本週將由我來為大家繼續講述傳播學的課程。相比於其他導師注重單點突破，我更喜歡從更廣闊的範圍去講解。因此，在本週的課程中，我會從整體上帶大家認識一下傳播學。」拉斯威爾導師用一段精簡的話語介紹了本週的具體課程安排，同學們充滿期待。

「那麼，我要從哪來講起呢？」拉斯威爾導師自言自語道。

「老師，從『5W 模式』開始講起吧！」林凱搶答道。

「『5W 模式』？好！那我們就先從這個內容開始。」從拉斯威爾導師的表情可以看出，即使林凱不搶著回答，他也想好了要從「5W 模式」開始講起，如此設計一番，真不知拉斯威爾導師在想什麼。

「我在研究大眾傳播現象時，發現了一個比較有趣的傳播模式，這種傳播模式可以讓眾多繁亂的大眾傳播研究現象變得更加清楚明白，對於我們從整體上了解大眾傳播具有重要意義。

　　這種『5W 模式』主要包括『誰（who）—說什麼（says what）—透過什麼管道（in which channel）—給誰（to whom）—取得什麼效果（with what effect）』五個環節。在我繼續講解之前，大家可以先說一說自己對『5W 模式』的了解。」拉斯威爾導師說道。

　　「在這種模式中，『誰』對應的是傳播者，『說什麼』對應的是傳播內容，『透過什麼管道』對應的是大眾媒介，『給誰』對應的是受眾，『取得什麼效果』對應的則是傳播效果。」林凱回答道（如圖 5-1 所示）。

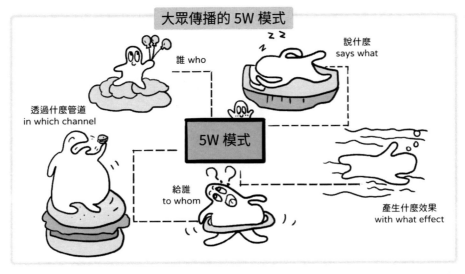

圖 5-1 大眾傳播的「5W 模式」

「很好，你總結得很準確。」拉斯威爾導師評價道。

　　「從這種模式中，可以看到傳播具有明顯的目的性，其主要目的就是去影響受眾。」盧方娜給出了自己的答案。

　　「這個目的性說得很好，能看到這一點說明你對這一模式的了解還是較為深刻的。」拉斯威爾導師似乎沒有想到有同學能夠說到這一點，盧方娜的回答讓他感到有些驚喜。

「這樣看來，傳播過程就是說服別人的過程了，這是不是將傳播這個概念縮小了？」馬鵬偉提出了自己的疑問。

「縮小？我並不這麼認為，如果非要提及說服的話，大多數傳播活動都可以歸結到說服上，大多數傳播行為都是為了去影響受眾的。」拉斯威爾導師再次重申了自己的觀點。

「好了，下面由我來詳細講解一下這個模式的主要內容，大家需要認真聽講，我會隨時向你們提出問題。」拉斯威爾導師將說話權集中在自己身上。

「在『5W 模式』中，傳播者是傳播活動的起點，也是傳播活動的重要中心。在大眾傳播中，傳播者既可以是個人，如編輯、記者、導演等，也可以是媒介組織，如報社、電視臺、出版社等。

傳播內容也是傳播活動的一個中心，產生於傳播過程中。單純將其理解為普通意義上的訊息是不正確的，是指所有透過大眾傳播媒介傳播給受眾的訊息。

作為傳播過程的重要組成部分，傳播媒介是傳播行為得以實現的必要物質基礎。在傳播意義上，媒介更多指傳播訊息符號的物質實體。

受眾的存在是傳播活動產生的主要原因之一，企業是傳播活動的中心環節之一。受眾不僅是訊息的接收者，同時也是再加工訊息的傳播者，是傳播活動反饋者，在傳播活動中占有重要地位。

傳播效果主要是指傳播者發出的訊息經過大眾媒介後，傳遞給受眾而引起受眾思想、情感和行為等發生的變化。傳播效果研究主要集中在大眾傳播改變受眾固有立場和觀點方面，以及對社會和文化產生的影響方面。」拉斯威爾導師簡要介紹了「5W 模式」的各個環節。

「上述我所講到的，是『5W 模式』的基本內容，其所對應的正是傳播活動研究的五大領域：傳播者研究，內容研究，媒介研究，受眾研究，效果研究。在一項傳播活動中，如果弄清楚這些方面的內容，也就搞懂了

這項傳播活動。」拉斯威爾導師繼續說道。

　　「您的這一理論在具體的傳播實踐中是如何表現的？您可以結合具體傳播活動為大家介紹一下嗎？」林凱問道。

　　「具體的傳播活動多種多樣，那我就選擇廣告宣傳這一傳播活動來說吧。在我介紹的過程中，希望大家能和我一同思考。」拉斯威爾導師提前為同學們打了一劑預防針，告訴大家接下來他可能要提出問題了。

　　「廣告工作的大部分都包含在大眾傳播範疇中，想要做好廣告工作，大眾傳播的相關知識是必不可少的。我所提出的『5W 模式』在廣告宣傳中體現得淋漓盡致。在詳細介紹這一內容之前，哪位同學可以幫我劃分一下廣告宣傳中的『5W』要素？」拉斯威爾導師提出了自己的第一個問題。

　　「廣告宣傳中的『誰』是指廣告主，『說什麼』是指廣告內容，『透過什麼管道』是指各類大眾媒介，『給誰』是指其他個人或組織，『取得什麼效果』則是指賣出去了多少產品。」盧方娜條理清晰地劃分了廣告宣傳中的「5W」要素。（如圖 5-2 所示）

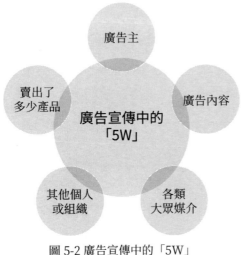

圖 5-2 廣告宣傳中的「5W」

「回答得很好，但對於『有何效果』這一要素，賣出了多少產品可以算是最終效果，與此同時，廣告宣傳的效果還可以從受眾反饋中看出來，因此我們也要考慮到反饋這一過程。」拉斯威爾導師解釋道。

　　「順著這位同學的思路，我們又該怎樣去了解每一個具體要素呢？」拉斯威爾導師繼續問道。

　　「在廣告宣傳中，廣告主是主體，這一點是必須明確的，廣告宣傳必須要讓受眾知道是誰生產了這種產品，這不僅是廣告宣傳的目的，也是責任。而訊息則是廣告傳播的客體，廣告宣傳中的訊息主要是指廣告所表達的內容，這是廣告主要傳遞給受眾的訴求。」李文文率先介紹了廣告宣傳中的主客體要素。

　　「廣告主訴求不同，廣告宣傳所選擇的管道也會有所不同。廣告主需要將自身訴求轉換成語言、文字或圖像等形式，針對不同受眾，選擇不同的媒介和管道。在廣告宣傳中，媒介的變化也會帶動訊息發生變化。」盧方娜順著李文文的回答，介紹了廣告宣傳中的媒介要素。

　　「廣告宣傳需要針對一定的對象進行，沒有對象的廣告宣傳是毫無意義的。雖然有些廣告主並不明確廣告宣傳的接受者，但在一個完整的廣告宣傳中，廣告訊息的接受者是不可或缺的。在特定情境中，廣告受眾會是廣告主想像中的個體或群體。」齊悅說來說去，似乎把自己也說懵了。

　　在齊悅之後，課堂陷入沉寂，似乎沒有同學想要繼續回答問題。見此情景，拉斯威爾導師自己開始解釋起來。

　　「關於廣告宣傳中的最後一個要素，在了解廣告宣傳效果時，我們不能只關注單向的產品銷售怎麼樣，同時也要關注另一方向上的受眾反饋情況。廣告傳播作為一種雙向傳播活動，是一個不斷循環發展的過程，具體效果也要從多種角度來看。」拉斯威爾導師補充道。

「好了，到這裡，關於『5W』模式的內容就要告一段落了。還有疑問的同學可以在課下繼續與我討論，今天的課程先到這裡。」簡短總結後，拉斯威爾導師消失在同學們的視野之中。

第二節　大眾傳播都能幫你做什麼

本週的傳播學課程又是早課，這對於馬鵬偉來說無疑是一種考驗。第一節課，馬鵬偉似乎全程處於迷離狀態，甚至連自己回答過問題都已經記不清了。到了第二節上課時，馬鵬偉拖著疲憊的身軀，睡眼惺忪地走進了教室。

明明還沒有到上課時間，拉斯威爾導師卻早早出現在課堂之中，同學們穿戴好設備後便可以與他自由交流。馬鵬偉迅速落座並穿戴好設備，在他後面進來的同學也悄悄地找到了自己的座位。

「大家都來齊了，我們就開始新課程吧。今天要講的內容比較多，希望大家多多思考。」拉斯威爾導師看課堂中已經坐滿了人，便開始了新課程的講述。

「在大家眼中，大眾傳播都具有哪些重要功能？」拉斯威爾導師依然選擇以提問的方式開始本次的課程講述。

「大眾傳播可以傳遞真實訊息，讓更多的人了解到發生在千里之外的事情。」李月婷率先回答道。

「大眾傳播還可以影響受眾，讓更多人購買商家的商品。」林凱答道。

「大眾傳播可以為人提供精神上的愉悅，讓人們有更多話題可聊。」李晶答道。

「很好很好，看得出大家的回答都是由自身經歷得來的。那麼，有沒有同學總結過大眾傳播的功能分類呢？」拉斯威爾導師繼續問道。

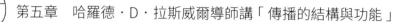

　　拉斯威爾導師再次提問後，課堂中一片寂靜，沒有人能夠回答這個問題。看樣子，拉斯威爾導師又要再次來回答自己提出的問題了。

　　「我對大眾傳播功能進行過一段時間的研究，發現大眾傳播的功能可以歸為環境監視、社會協調和社會遺產繼承三個方面的內容（如圖5-3所示）。

大眾傳播的功能

大眾傳播的功能：

環境監視

社會協調

社會遺產繼承

圖 5-3 大眾傳播的功能

　　「自然與社會都在不斷變化發展之中，人類想要更好地生存，就要了解並適應這些變化。在這個過程中，大眾傳播對社會發展造成了『瞭望哨』的作用，也可以說是環境監視的功能。

　　社會作為一個複雜的有機體，各組成部分之間的協調發展是其和諧穩定的重要基礎。大眾傳播在社會發展過程中，不僅可以造成聯絡、溝通的

作用，同時還有協調社會各組成部分的功能。

　　人類社會的發展建立在對歷史的繼承和創新基礎上，人類只有將歷史智慧和歷史經驗整理、記錄並保存下來傳給後代，才能讓後人在前人的基礎上進一步改造和發展社會。在這個過程中，大眾傳播發揮著社會遺產繼承的作用。」拉斯威爾導師簡單介紹了大眾傳播的三種功能。

　　「我覺得上述解釋有些抽象，您能從現實生活的角度說一說大眾傳播這三種功能嗎？」雖然人還沒有清醒，但馬鵬偉這個問題問得卻比其他清醒的同學要高效得多。

　　「抽象？抽象嗎？你們大家也覺得抽象嗎？」拉斯威爾導師似乎並不認可馬鵬偉的說法，他想要讓其他同學來證明這一點，但課堂上鴉雀無聲。

　　「好吧，那我就換一種說法來講解一下大眾傳播的這三種功能。」看到沒有人回應，拉斯威爾導師只得用另一種方法重新介紹了他剛才講的內容。

　　「前面提到社會上的大眾傳播是『瞭望哨』，這是針對大眾媒介而言的。大眾媒介需要時刻關注自然環境和社會環境的變化，其所傳遞出來的訊息是適應自然和社會環境變化的。在這個過程中，其『瞭望哨』的身分會凸顯，進而達到協調社會，促進社會正常運轉的作用。」拉斯威爾導師重新解釋了大眾傳播的環境監視功能。

　　「也就是說，我們可以利用大眾媒介傳播的訊息不斷調整自己的行為？」馬鵬偉問道。

　　「如果從透過接收大眾媒介訊息而不斷與時俱進的角度來說，你的說法是可行的。但如果在這個過程中一味地接收訊息，而忘記了獨立思考，那就可能會讓自己變成一個只有外殼而沒有大腦的『木頭人』了。」拉斯威爾導師解釋道。

「大眾傳播的社會協調功能是指大眾媒介在社會發展過程中充當著『協調者』的作用。在發生危害社會安全的突發事件時，大眾媒介要及時跟進報導，正確引導社會輿論，減少同類事件發生。在那些特大災害發生時，許多一線記者深入災區進行報導，傳遞出最新災情消息，讓外面的人了解事實，正是這種功能的重要表現。

　　大眾傳播的社會遺產繼承功能是指大眾媒介充分發揮記錄、存儲作用，將前代和當代的社會歷史經驗記錄總結，傳遞給後人，幫助後人在前人的基礎上更上一層樓。」拉斯威爾導師說道。

　　「我們平時在電視新聞中經常看到的那些『時代楷模』、『榜樣力量』是否體現著大眾傳播的社會遺產繼承功能？」盧方娜問道。

　　「沒錯，很多歷史文化類內容也可以算入其中。」拉斯威爾導師解釋道。

　　「在我看來，那些駐外記者和外交官都是擅長研究環境的人，他們始終在不停地向國內社會提供訊息，從而讓人們知道自己處在怎樣的環境之中。而編輯、記者等人則在社會內部協調中有關鍵的作用，學校和家庭則主要在社會遺產繼承方面發揮作用。」拉斯威爾導師對上面三種功能可能涉及的對象進行了總結。

　　「在我之後，還有一些研究者對大眾傳播的功能進行過研究，有人提出了『四功能說』，也有人提出了升級版的『三功能說』，雖然他們的理論可能更完善一些，但在這方面我可是先行者。大家在學習過程中可以了解一些其他研究者的相關理論，透過獨立思考去理解這一問題。」拉斯威爾導師在強調自己是第一人的同時，還不忘叮囑同學們在學習過程中要多去獨立思考。

第三節　用口號是怎樣打贏戰爭的

「宣傳在一些特殊時刻會成為『重武器』。」拉斯威爾導師用這句話展開了新一週的課程。

宣傳怎麼就成為「重武器」呢？盧方娜搞不清楚拉斯威爾導師在表達什麼，她既好奇，也有些不安，似乎理解了這一點後，自己對大眾傳播的認知便會出現 180 度大轉彎一樣。

「您的意思是說流言蜚語、惡意中傷像隱形的刀子一樣，可以殺人於無形嗎？」馬鵬偉似乎找到了一種解釋。

「這一點確實值得思考，但卻並不是我想要介紹的內容。我這裡的宣傳是坦克，是砲彈，是化學武器，其威力要比刀子可強多了。」拉斯威爾導師解釋道。

「那請開始您的講述吧！」拉斯威爾導師似乎還想賣個關子，卻被馬鵬偉及時制止。

「在我看來，宣傳已經成為現代社會最為強有力的工具之一，其與軍事、經濟一起，被視為『反對一個交戰敵人的行動中的三大工具之一』。關於這一點，大家應該沒有疑義吧？」拉斯威爾導師試探性地問道。

「透過經濟戰線可以對敵人進行封鎖，透過宣傳戰線可以迷惑敵人，透過軍事戰線給予敵人致命一擊，這些都是現代戰爭的重要手段。在這些手段中，宣傳對戰爭具有重要意義。」看到沒有同學回應，拉斯威爾導師只得繼續向下講。

「宣傳對戰爭有直接影響嗎？我認為經濟和軍事手段對戰爭勝負的影響要更大一些。」盧方娜質疑道（如圖 5-4 所示）。

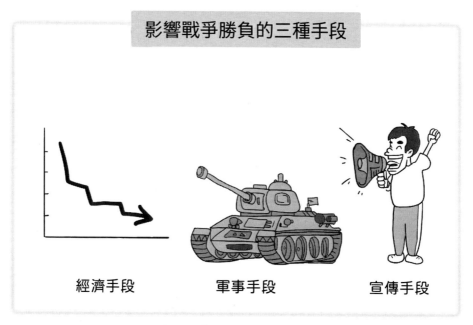

圖 5-4 影響戰爭勝負的三種手段

「這三種手段對戰爭勝負的影響用大小來形容可能並不確切，經濟和軍事手段的影響可能更為直接，而宣傳對戰爭的影響要更隱性一些。」拉斯威爾導師解釋道。

「大家現在可以回憶一下曾經學過的與第一次世界大戰相關的內容。在這場戰爭中，歐洲多國陷入混戰，戰爭傷亡異常慘重。在這樣一場戰爭中，宣傳究竟造成了怎樣的作用？」拉斯威爾導師將話題引入戰爭背景之中。

「戰爭宣傳就像往火堆裡添柴，讓火越燒越旺。」馬鵬偉說道。

「我覺得更像是往天平上加砝碼，誰宣傳得好，天平就會傾向誰。」盧方娜說道。

「我曾經研究過世界大戰中的宣傳，發現了一些頗為有趣的內容，在

這裡與大家分享一下。」拉斯威爾導師說道。

「在現代國家中，絕大多數民眾都是牴觸戰爭的，很少有人願意失去自己安穩富足的生活，進入到戰爭的漩渦之中。為此，在宣傳戰爭起因時，所有的罪惡都必定歸屬於另一方。如果一國領導者想要鼓動民眾參戰，那他就必須要確保所有宣傳訊息都是確立在『敵人應該為戰爭負完全責任』這一基礎和前提之上。」說完，拉斯威爾導師稍作停頓。

「這是在說戰前宣傳動員嗎？」林凱問道。

「不止在戰前，如果想要在更大範圍內，更為廣泛地調動民眾參戰，需要在整個戰爭進程中都做好這些工作。」拉斯威爾導師指出了林凱問題中的不足。

「如果是戰爭發起國想要動員民眾參戰，那是要透過虛假宣傳來達到目的嗎？」盧方娜問道。

「我不敢說戰爭中的宣傳有多少虛假成分，但很多時候，站在不同立場上的人們看待同一件事物時的觀點是完全不同的。被侵略的一方有戰爭理由，發起侵略的一方也會找到戰爭理由，他們只需要將自己想表達的內容傳遞給民眾就可以了，沒必要讓民眾知道太多。」拉斯威爾導師解釋道。

「讓民眾知道戰爭是敵人發動的，和平是敵人打破的，這是戰爭宣傳的第一步。為了更好地確保宣傳效果，宣傳者還需要用敵人傲慢或墮落的事例讓民眾更清楚地意識到這一點。『一戰』中，『德國高於一切』的口號經常出現在唐寧街和艦隊街（皆為英國街道），『統治吧，不列顛』口號則常在威廉大街和不列顛大街（皆為德國街道）出現，這可以看作一種典型的明證。」拉斯威爾導師繼續說道。

「那麼為了戰爭勝利，宣傳者又需要進行哪些努力呢？」拉斯威爾導師停止講述，提出了一個問題。

「鼓舞民眾的士氣。」馬鵬偉笑著說道。

「讓民眾知道勝利在望，再努力一下就好了。」秦越跟著說道。

「多宣傳敵人的軟弱和潰敗，增強民眾信心。」盧方娜說道。

「如果你們是戰爭指揮官的話，按照你們的宣傳邏輯來進行宣傳，民眾可能會因為持久的戰爭而希望破滅，陷入消沉狀態之中，打敗仗是理所當然的事情。」拉斯威爾導師笑著說道。

「關於正確的宣傳方法，大家可以在《論持久戰》這本書中找到。

報導事實真相，分析戰爭規律，提出作戰方法，這才是通向戰爭勝利的宣傳方法。宣傳者只有讓民眾不盲目樂觀，不肆意悲觀，才能讓民眾全身心投入戰爭之中。」拉斯威爾導師突然開始講起了戰爭勝利之法（如圖5-5 所示）。

傳播學家語錄：
戰爭中的宣傳需要注重技巧，
是否如實報導事實真相，需要
因時制宜。

圖 5-5 戰爭中的宣傳技巧

「如果在戰爭中，我方遭遇重大損失，我們還是要按照事實去宣傳報導嗎？這樣不會打擊民眾信心嗎？」李文文問道。

「我認為在遭受損失時，將它們公之於眾，並且相信有利消息的增多能夠中和這一壞消息帶來的影響是可以理解的。但從一戰各方的實際反應來看，大多數宣傳者都會選擇暫時封閉消息。

1914 年 10 月 27 日，英國戰列艦『奧達修斯』號在愛爾蘭海岸外觸雷，英國方面選擇對外封閉消息，以沉默應對。這件事在大戰期間從未被英國官方承認過，但在大戰後，其得到了嚴肅的報導。

在我看來，如果遭受的損失是敵人沒法詳細了解的那種，那官方在公布內容時可以採用概要的形式，不必公布詳細內容。而在一些特殊情況中，官方則有必要將確切的數據公布出來，從而減少那些杞人憂天者散布毫無根據的假消息。」拉斯威爾導師解釋道。

「在戰爭宣傳中，除了要激起對敵人的仇恨和對勝利的信心，還要與盟友和中立者保持友好關係。想要取得戰爭的最終勝利，還需要透過宣傳來瓦解敵人的鬥志。」拉斯威爾導師說道。

「在世界大戰中，一些國家出動飛機去敵國散發傳單，這就是瓦解敵人鬥志的宣傳吧？」林凱問道。

「沒錯，古時候中國的『四面楚歌』也是透過宣傳瓦解敵人鬥志的例子。」拉斯威爾導師補充道。

「總體來說，成功的宣傳有賴於在適宜條件下對各種方法的巧妙運用。方法是宣傳者可以控制的東西，而條件則是他必須去適應這些東西。在那些已經過去的世界大戰中，宣傳都發揮了重要並且可能是決定性的作用。」拉斯威爾導師總結道。

第四節　掌握技巧讓你的宣傳更具藝術性

「在世界大戰中，宣傳成為一種看不見的『重武器』，它可以殺人於無形之中，決勝於千里之外。在上一節課中我們對戰爭宣傳進行了論述，但因為時間有限，並沒有完全展開，同學們如果想要繼續了解這方面的內容，可以去讀讀我創作的《世界大戰中的宣傳技巧》一書。

在本次課程的最後一節課中，我想為大家講一些有趣的事情，還是與宣傳有關的，但不是戰爭宣傳，而是藝術性宣傳。學會這些內容，可以讓你的宣傳更具藝術性，效果也會更好。」拉斯威爾導師在宣傳完自己的書後，似乎打算為同學們講一些真正可靠的訊息知識了。

「想要讓宣傳的效果達到最大，就要在宣傳時應用一定的技巧。大家對當前市場中的宣傳應該屢見不鮮了，但對宣傳技巧是否有所研究呢？在座的各位能否說說自己所見過的宣傳技巧或宣傳方法？」拉斯威爾導師問道。

「有的廣告宣傳會設置一些懸念，比如某餐飲品牌要推出新品，廣告宣傳會詳細介紹新品的細節，但卻不展示新品的樣式，留給受眾想像的空間。這種宣傳在一定程度上，可以引起受眾的興趣，帶動商品銷售。」盧方娜說道。

「我知道這種宣傳技巧，但用餐飲品牌推新品的例子，倒不如用電影預告片的例子。絕大多數情況下，電影預告片都是利用這種留懸念方式進行宣傳的。」拉斯威爾導師肯定了盧方娜的答案，同時對其進行了補充說明。

「有的廣告宣傳比較注重突出重點，就是反覆強調一件事情，很多時候我都覺得這種做法很低級，但不可否認它們確實被我記住了。」馬鵬偉說道。

「從你的表達可以看出，你似乎很厭煩這種做法，但它卻成功影響了你，所以我們可以認為這是一種成功的宣傳。但必須要指出的是，如果長期使用這種宣傳方法，很容易適得其反。」拉斯威爾導師解釋道。

「很好，兩位同學提到的都是當前較為主流的宣傳方法。下面我想來說一下我們那個年代的一些宣傳方法。雖然時代不同，但這些方法卻歷久彌新。」拉斯威爾導師說道。

「我要說的第一種宣傳方法被稱為『咒罵法』，其主要透過給別人冠上罵名，讓受眾在不經查證的情況下，對其產生負面印象，認為別人是不好的。政治選舉是這種宣傳方法最合適的沃土，仔細觀察各國大選，我們可以看到滿天飛舞的『髒話』、『髒水』，這些很多都是宣傳技巧。」拉斯威爾導師指出了第一種宣傳方法。

「我覺得這一方法對於現代廣告宣傳並沒有多大意義。」馬鵬偉指出。

「當然，我們沒辦法在廣告宣傳中為競爭對手冠上罵名，但在網際網路上，那些層出不窮的負面消息是從哪裡來的？你們是否思考過這一問題呢？」拉斯威爾導師反問道。

「都是競爭對手捏造的？」馬鵬偉回答得並不確定。

「我並沒有這麼說，沒有經過調查，我也沒有發言權，我只是覺得大家在看到外來訊息時，應該多去思考，有能力的可以去查一查。」拉斯威爾導師解釋道。

「第二種宣傳方法被稱為『粉飾法』。與第一種方法正相反，這種方法是將某事物與美好的詞句相連，從而讓受眾在未經查證的情況下，輕易接受並認可它。同樣是在政治選舉中，為了多拉選票，除了要貶損他人外，還需要多多讚美自己。」拉斯威爾導師似乎對選舉的案例情有獨鍾。

「第三種宣傳方法被稱為『轉移法』。這種方法是用一般人都認可的人、事或物來說明要宣傳的東西，這樣會將兩樣東西綁到一起，從而讓更多受眾認可它。最為普遍的例子就是明星代言，用了明星同款保養品，就會變得與明星一樣美麗，人人都知道是不可能的，但還是有不少人會買帳。

第四種宣傳方法被稱為『證言法』。這種方法需要找一位值得尊敬或厭惡的人，來證明一項事物究竟是好還是壞。」講到這裡，拉斯威爾導師稍作停頓，似乎在等待學生來舉例子。

「大多數公益廣告都會選擇具有影響力的人來進行宣傳，這與明星代言是不一樣的。有一些法制欄目會以具體案例來宣傳法律，法律普及的宣傳也應該是使用了這種方法的。」李文文適時幫拉斯威爾導師舉出了例子。

「第五種宣傳方法被稱為『平民法』。這種方法需要傳播者展現親民的一面，需要讓受眾覺得他們是貼近民眾、貼近日常生活的。這種宣傳的例子，在這裡就不過多介紹了。

第六種宣傳方法被稱為『堆牌法』。這種宣傳方法會依照傳播者的目的，只展現出想要讓受眾了解到的訊息，由此來展現這一事物。」拉斯威爾導師介紹道。

「上一節課您提到的我方戰爭傷亡訊息，在對外宣傳時，是否就需要使用這種方法？」馬鵬偉問道。

「沒錯，一方面對外要宣傳我方較少傷亡的消息，另一方面對內要宣傳敵方傷亡慘重的消息。但宣傳歸宣傳，傳播者還是需要認清現實的，光靠宣傳是打不贏戰爭的。」拉斯威爾導師著重強調了這方面內容。

「第七種宣傳方法被稱為『樂隊花車法』。這種方法主要是利用受眾

的從眾心理，讓受眾覺得大家都已經接受了這項事物或主張，自己也應該接受。這種宣傳的例子也比比皆是，但很多時候受眾沒有注意到或不認為這是一種宣傳。」拉斯威爾導師說道（如圖 5-6 所示）。

圖 5-6 大眾傳播的幾種宣傳方法

「當前比較流行的直播賣貨用的就是這種宣傳方法吧？」盧方娜問道。

「你所說的這種『直播帶貨』，我了解得不多，但很明顯其強調實時

銷量的做法是使用了這種宣傳方法。但同時，選擇流量明星，或是素人網紅，還涉及『轉移法』和『平民法』，所以這種宣傳手段是綜合運用了多種手法的。」拉斯威爾導師解釋道。

「從現在各式各樣的宣傳來看，大多數宣傳行為中都蘊含了多種手法。這種做法在一定程度上會增加宣傳效果，但一旦某個環節操作不當，也會導致整個宣傳功虧一簣，風險也是相應增加的。

如果身為受眾，那就要區分各種宣傳手法，看透宣傳的本質，不要被虛假宣傳所欺騙；如果身為宣傳者，則要利用好各種宣傳手法，在原有技巧上創新運用，去獲得更好的宣傳效果。

好了，本週我要講的傳播學課程就到這裡了。如果想要了解更多傳播學方面的知識，可以多讀讀我寫的書。」拉斯威爾導師以迅雷不及掩耳之勢結束課程，並再次推薦了自己的著作給同學們。

第六章
卡爾・霍夫蘭德導師講「傳播與說服」

在本章中，卡爾・霍夫蘭德導師為同學們帶來了「傳播與說服」的內容，圍繞著說服與態度的關係、態度的形成與轉變、說服的方式和技巧等問題，霍夫蘭德導師與同學們分享了自己的理論與經驗。在課程中，霍夫蘭德導師更注重理論與社會現實的結合，以溝通場景和銷售場景現身說法的方式，介紹自己的理論。

卡爾‧霍夫蘭德

（Carl Hovland，1912 年 6 月 12 日至 1961 年 4 月 16 日）是著名實驗心理學家，也是宣傳與傳播研究領域的傑出人物，出生於美國芝加哥，1936 年獲得耶魯大學博士學位，此後便在該校擔任心理學講師、助理教授和教授。

霍夫蘭德一生都在從事說服、態度改變以及心理對行為影響的研究，這些研究直接影響了傳播研究對社會傳播效果的重視。其研究既是現代態度改變研究的開端，也是大眾傳播理論若干重大貢獻的淵源。其代表作有《傳播與說服》、《耶魯大學關於態度和傳播的研究叢書》等。

第一節　傳播如何才能產生效果

「本來我的課程應該安排在上週，這一點我曾試圖說服貴校的教務處，但似乎沒有成功。」霍夫蘭德導師在課程開始前，先來了一番抱怨。

「本週我要講的內容是『傳播與說服』，和此前一位導師講的傳播效果有很大關聯，放在一起講不是很好嗎？不清楚為什麼要隔一週講。」霍夫蘭德導師依然在抱怨。

「您這節課是要講傳播效果嗎？您的理論與拉扎斯菲爾德導師有什麼不同嗎？」盧方娜趁著霍夫蘭德導師抱怨的間隙，適時提出了這個問題。

「是的，沒錯，本週我要講的內容正是『傳播如何才能產生效果』，至於與其他研究者的區別，你們要仔細聽講，自己去發現。」霍夫蘭德導師要開始自己的課程講述了。

「我職業生涯的早期主要從事實驗心理學研究，但在第二次世界大戰爆發後，我應召參加了美國陸軍軍部新聞及教育署研究戰爭宣傳與美軍士氣問題的研究組。在『二戰』中和『二戰』後，我進行了一系列心理控制實驗，由此得出了與傳播效果有關的諸多理論。」與其他導師不同，霍夫蘭德導師在講述正式內容前，著力介紹了一下自己的職業生涯。

「在回到耶魯大學後，我和同事們設立了耶魯傳播研究專案，主持了『傳播與態度改變研究課題』，對傳播與說服、說服能力和方法等問題進行了深入研究，這些研究成果被集結成書，廣泛發行。想要深入了解我的研究的同學，可以多買些書來自己讀一讀。」霍夫蘭德導師似乎還沒有打算停止自我介紹。

「那傳播究竟要如何才能產生效果呢？」盧方娜繼續問道。

「噢，關於這個問題，本節課我主要從總體上進行介紹，在剩下幾節課中，我會詳細介紹這個問題的不同細節。」霍夫蘭德導師重新回到正軌，但同學們並不知道接下來他還要講些什麼。

「要解決『傳播如何才能產生效果』這個問題，我們要從『傳播者』、『訊息』、『受眾』和『受眾反應』幾個方面入手。在我講述的過程中，同學們可以積極參與討論，這樣我們的課堂氣氛才會活躍起來。」看樣子，霍夫蘭德導師打算進入正題了（如圖 6-1 所示）。

圖 6-1 影響傳播效果的因素

「在對傳播者進行研究時，我們發現訊息來源的可信性是產生即時意見改變的重要因素。這怎麼理解呢？簡單來說就是傳播者的權威性越高，對受眾的影響就越大，傳播效果就相對越好。」霍夫蘭德導師說道（如圖6-2 所示）。

傳播學家語錄：
傳播者的權威性越高，其對受眾的影響就越大，傳播效果就相對越好。

圖 6-2 訊息來源可信性對傳播效果的影響

「這是否就是『意見領袖』的作用？」林凱問道。

「可以這麼理解，但這種訊息來源可信性的影響會隨著時間的推移而逐漸減弱，這是由於受眾在大多數時候會將傳播者與訊息分離。」霍夫蘭德導師解釋道。

「傳播者與訊息分離？這要怎麼理解呢？」林凱繼續追問道。

「這一點放在你們現在的社會應該很好理解。當你在網路上看到一條訊息時，第一時間可能會去注意這條訊息的發布者，但第二時間、第三時間呢？很少有人會再去關注訊息的傳播者，因為這時人們的注意力已經全部被這條訊息吸引。這就是傳播者與訊息的分離。

要怎樣去解決這種傳播效果減弱的問題呢？我們只要再次提醒受眾傳

播者的身分，這種影響就會再次得到恢復了。總體而言，說服性傳播可以讓受眾的意見在短期內發生改變，但可能在一個月後，甚至更長時間，受眾還會再次找回自己最初的觀點。」霍夫蘭德導師解釋道。

「在對訊息的內容和結構進行研究時，我們也發現了一些有趣的東西。

首先在內容上，適當增加一些威脅性或能夠引起恐懼的內容，可能會讓受眾產生情緒上的緊張感，進而促使他們改變意見。但這裡需要拿捏好分寸，太多令人恐懼的內容可能讓受眾產生焦慮甚至牴觸情緒。

其次在結構上，傳播者在大多數情況下要在訊息中明確陳述自己的結論，因為不是所有受眾都是 IQ 足夠高並且相對成熟的。如果發覺受眾在此後時間裡，可能會接收到反向的訊息宣傳，那在訊息傳播中進行兩面提示，能夠最大化傳播效果。」霍夫蘭德導師停了下來，一口氣說了這麼多內容，他顯然有些累了。

「如果我們不斷向受眾施壓，在訊息中不斷加入威脅性或能夠引起恐懼的內容，傳播效果不應該更好嗎？」馬鵬偉質疑道。

「你為什麼會這麼認為？受眾如果因為恐懼產生焦慮，他們會什麼也聽不進去的。」霍夫蘭德導師回應道。

「您是如何判斷何種程度的內容能夠引發受眾焦慮呢？我認為恐懼訴求的強度越大，受眾的壓迫感越大，進而會去改變自己的意見和態度。」馬鵬偉說道。

「好吧，在我之後的研究者們證明了你的觀點，但我依然認為要保證傳播效果，訊息中令人恐懼的內容需要適度才行。」霍夫蘭德導師的回答讓人搞不懂他是否認同了馬鵬偉的觀點。

「在對受眾進行研究時，我們得到的結論更加有趣。透過研究發現，

歸屬感比較強的受眾，一般很難去接受那些與組織規範相違背的傳播內容。自尊心較弱的人則更容易受到訊息傳播的影響。而那些極具個性、攻擊性十足的人，則很少會被影響。

這一點應該很好理解。重新審視一下自己身邊那些個性十足的人，你會發現他很少會聽別人的意見，無論他們自己的想法是對是錯。」霍夫蘭德導師說道。

盧方娜轉頭看向馬鵬偉，卻正巧發現馬鵬偉也在看她，看樣子在兩人眼中，對方都屬於個性十足，無法被他人意見左右的人。在會心一笑後，二人又開始專注於霍夫蘭德導師的內容講述。

「在對受眾反應進行研究時，我們發現那些主動參與傳播的人要比被動參與傳播的人更容易改變意見。一般來說，那些需要發言支持某個問題的人，要比那些只需要看材料，或聽別人說話的人，更容易將自己的意見朝著自己支持的這個方向改變。

上面講到的這些，就是我們在傳播效果研究方面獲得的一部分結論，在接下來的課程中，我們將會去深入探討這些內容。在一個完善的傳播體系中，只有做好上面提到的這些工作，才能取得最好的傳播效果。」霍夫蘭德導師總結道。

第二節　什麼人容易成為說服者

「我想先讓大家來回答一個問題：在你們眼中，什麼樣的人更容易成為說服者？」霍夫蘭德導師在課程開始前，先提出了一個問題。

「剛聽到這個問題，我腦子裡就想起了網紅直播主們的口頭禪，這些透過直播賣產品的直播主們一個個都是說服者，一下子就讓我想為他們買

單。」從未在課堂上發過言的李玲第一個回答了霍夫蘭德導師的問題。

「直播主？我對你說的這個職業了解不多，但從你的表達來看，他們確實成功說服了你。」霍夫蘭德導師說道。

「那些網紅確實口才一流，但我覺得這和說服不同，更多應該算影響，你們這些粉絲是受到影響了。按照這種思路，那賣車、賣房、賣保險的人也都是說服者，但這樣解釋我們依然不知道究竟什麼人容易成為說服者。」林凱一臉平靜地說道。

「那麼這位同學認為什麼樣的人容易成為說服者呢？」為了避免一場辯論發生，霍夫蘭德導師及時追問道。

「我認為說服者首先要具備一定的說話技巧，這是成功說服別人的必要條件。其次就是要具備某些方面的知識儲備，這樣他才有發言權，人們才會願意去聽他的話。做好了這兩點，才能進行成功說服。」林凱答道。

「這麼說你是將說話技巧和知識儲備視為成為說服者的必要條件了。」霍夫蘭德導師說道。

「沒錯。」林凱回應道。

「我說的也是同樣的意思啊，直播主最重要的就是說話技巧，沒有說話技巧的直播主會有人關注嗎？再說了，他們都是自己使用了產品後，才為大家介紹的，他們的有一定程度上的了解，你知道他們有多努力嗎？」李玲顯然有些激動，整個課堂都被她的委屈情緒所填充。

「好，很好，兩位同學的回答都很好，答案都已經非常接近我要講述的內容了，下面的內容就讓我來為大家講述吧。」感到課堂氣氛有些不對，霍夫蘭德導師迅速結束了問答。從他不知所措的神情來看，在後面的課程中，他應該不會再提問題了。

「前面說到，我和我的團隊為了研究傳播效果，曾經做了許多實驗，也得出了不少結論。其中，關於『什麼人容易成為說服者』這個問題，我們得出的結論是：一個在某問題方面享有盛譽的人，總會比那些沒有聲譽的人更能引起其他人態度的轉變。

這一點我們在上一節課中也講到過，是研究傳播者時得到的結論。在實驗中，我們將一群人分為三組，然後讓三個人分別在各個小組就一個有關少年犯的題目進行主題演講。在向小組成員們介紹這三個演說者時，我們分別將他們介紹為『法官』、『普通聽眾』和『品行低劣的人』。在演講結束後，我們要求三組聽眾為這三位演說者打分。結果『法官』得到了『正』分，『普通聽眾』得到了『中』分，而『品行低劣的人』則得到了『負』分。

三種不同身分的人，針對同一題目的演說，結果卻大為不同。由此可以看出，傳播者身分對傳播效果的影響是非常明顯的。」霍夫蘭德導師一口氣將理論和實驗過程全部敘述了出來。

「您所說的聲譽主要包括哪些方面的內容？這與前面提到的權威性是一樣的嗎？」盧方娜問道（如圖 6-3 所示）。

在一口氣講述內容的過程中，霍夫蘭德導師發現課堂缺少互動，氛圍很不活躍，於是故意放慢了語速，並時不時停頓一下，希望有同學能夠打斷自己，提出問題。盧方娜的問題成為霍夫曼導師的「救命稻草」。

「你對『聲譽』這個概念是怎麼看的？」霍夫曼導師反問道。

「單從『聲譽』這個詞來講，可以理解為某種事物在他人眼中的印象。放在現在來說，『口碑』似乎更能反映這層意思。」盧方娜答道。

圖 6-3 「有身分」的人更容易成為說服者

　　「『口碑』這個詞確實也可以，但你的回答也只是為『聲譽』換了個說法，而沒有提到其具體的內容。『聲譽』究竟都包括什麼呢？或者說，我們要靠什麼來累積聲譽呢？我的結論有兩點，一是足夠的專業知識，二是超然的態度。」霍夫蘭德導師停頓下來，他似乎又在等待同學們的問題。

「足夠專業的知識這一點很好理解，但超然的態度是指品格方面的內容嗎？是指人格魅力之類的因素嗎？」盧方娜適時追問道。

「在這裡，關於專業的知識，並不單純指知識的累積，即不是說只有擁有足夠多知識的人才更容易成為說服者。我所說的專業知識指的是一種外在表現，即一個人能夠表現出自己有足夠的知識，那他就比較容易成為說服者。有人將這種專業知識和專家身分等同，我沒有異議。」霍夫蘭德導師似乎忘記強調這一問題，因此在回答盧方娜問題前，先強調了這一點內容。

「您的意思是說，只要我能對外展現出我很有知識，我是某一方面的專家，我有許多證書，我就能比較容易地成為說服者嗎？」馬鵬偉的問題問得似乎有些偏激。

「我沒有這樣說，但你完全可以這樣理解，當前社會不是這樣嗎？這一點你們應該更有經驗才對。」霍夫蘭德導師給出了教科書一般的回答。

「至於超然的態度，有個詞叫『超然物外』，我覺得這個詞用在這裡非常精妙。如果說服者想要說服某個人購買某一產品，那他最好與這一產品沒有利害關係。這就好比在戰爭中，調停者一定是與戰爭雙方不存在直接利害關係的人。」霍夫蘭德導師同時回答了盧方娜提出的問題。

「如果將聲譽解釋為口碑、品牌，可能更容易讓你們理解。對於個人來講，如果你有這樣一個人設，那你就能更好地說服別人。」霍夫蘭德導師總結道。

「您這是在教騙子怎麼行騙嗎？」馬鵬偉笑著說道。

「你們是騙子嗎？專業的騙子只學立人設可不行，他們要學的東西還多得很呢。至於要學什麼，我們下節課再說。」霍夫蘭德導師笑著回應道。

第三節　如何表達有爭議的問題

在上節課中，一些同學在「人設」這一話題上，與霍夫蘭德導師產生了分歧。

在霍夫蘭德導師的講述中，聲譽被認為是成為說服者的關鍵因素，那些被說服者，有很大一部分是出於對說服者聲譽的認可，才選擇相信了說服者。但有同學認為「樹立人設」在很大程度上是一種欺騙行為，並不值得去仿效。

在新一週的課程中，霍夫蘭德導師並沒有明確回答同學們此前的提問，而是講起了新的問題。

「在前面的課程中我們曾提到，如果想要向受眾準確傳遞訊息，傳播者最好在宣傳過程中明確陳述自己的結論。如果在接收到訊息後，還需要受眾去揣度傳播者的意圖，那在很大程度上，傳播者的宣傳活動將會以失敗告終。

接收訊息的受眾在 IQ 和接受程度上是參差不齊的，這使得他們在面對不同觀點表達時，可能會出現態度的轉變。在一些特殊情況中，受眾態度的轉變還可能會非常劇烈。如果在宣傳過程中，傳播者覺得受眾可能會接收到與自己觀點相反的訊息宣傳，那在訊息傳播過程中進行兩面提示，是一種不錯的選擇，這將在很大程度上提升傳播的效果。」霍夫蘭德導師回顧了前面課程中的內容，同時進行了些許擴充。

「您說的不要讓受眾去揣摩我們的傳播意圖，是不是說我們要盡可能多地把我們知道的內容傳遞給受眾？」林凱問道。

「這位同學應該會成為一個優秀的新聞工作者，但如果想要經商，還是別有這種打算了。」霍夫蘭德導師笑著說道，他的話引得同學們哄堂大笑。

「從新聞工作者的角度，我們對事件進行宣傳報導，當然越全面越好。但如果從廣告宣傳的角度來說，有些東西應該讓受眾知道，有些東西傳播者自己知道就好了。」霍夫蘭德導師進一步解釋道。

「當然，身為新聞工作者，在宣傳報導時要盡可能多地陳述事實，而不是陳述自己的觀點。」霍夫蘭德導師提醒道。

「那為什麼從廣告宣傳的角度，就要有的說有的不說呢？」林凱追問道。

「你要是不擔心產品賣不出去的話，你也可以都說。」霍夫蘭德導師調侃道。

「比如說，我們在宣傳一款去屑止癢的洗髮精時，去屑止癢功效是我們要著重宣傳的內容，這些內容自然要有多少說多少。但對於這款洗髮精的控油保濕功效，我們有必要說嗎？關於這一點，就要『看人下飯』了。上面的例子可能說得不夠確切，我再來完善一下。

現在一家企業生產出了一款洗髮精，其在去屑止癢方面的功效，可以超越市面上其他產品。但這款洗髮精有一個問題，就是在去屑止癢的同時，會增加頭皮出油的情況，雖然不嚴重。因此，對於有頭屑且頭皮出油的消費者來說，使用這款產品可能加重頭皮出油。」霍夫蘭德導師重新列舉了一個例子。

「在這種情況下，如果各位身為廣告宣傳者，你們會怎樣去宣傳呢？」霍夫蘭德導師想讓大家就自己列舉的例子給出相應的宣傳方案。

「既然這款產品的去屑止癢效果可以秒殺其他產品，那我直接針對這一方面大肆宣傳就好了。只要真正有去屑止癢的效果，受眾自然會買帳。」馬鵬偉的回答簡單直接，重點突出。

「你這樣宣傳，難道都不考慮頭皮出油消費者的感受嗎？」霍夫蘭德

導師笑著問道。

　　「既然突出了去屑止癢的效果，那受眾自然清楚這款洗髮精對頭皮出油沒有效果。」馬鵬偉解釋道（如圖 6-4 所示）。

圖 6-4 產品宣傳者的宣傳套路

　　「這樣說我們又回到了前面的問題，並不是所有的受眾都是像你一樣成熟的，你需要考慮那些既有頭屑，又頭皮出油受眾的感受。」霍夫蘭德導師的回答依然有些「不正經」，但顯然他並不太認同馬鵬偉的觀點。

　　「我覺得強調去屑止癢效果肯定是宣傳重點，但同時我們也要對該產品可能會加重頭皮出油這一情況進行說明。可以在宣傳文案上，用不太明顯的

一行小字標記出來，這樣如果受眾在購買這款產品時，就會有一些心理準備。」盧方娜打算從正反兩方面進行宣傳，但突出宣傳重點肯定是必要的。

「你這種宣傳方法明顯要好一些，現在的很多廣告商也確實是這樣做的。但在我看來，這種宣傳手法還是有一些取巧的成分，為什麼用小字而不用大字呢，我覺得還是『吸菸有害健康』這種字樣更好一些。」霍夫蘭德導師似乎並不喜歡廣告宣傳中的小字內容。

「如果不這樣宣傳，您認為應該怎樣去做呢？直接在廣告語中告訴受眾這一產品的負面效果嗎？」盧方娜反問道。

「如果這麼做的話，產品就該真的賣不出去了。」霍夫蘭德導師苦笑道。

「前面兩位同學的回答都有道理，下面我們脫離實例，來說一些理論上的內容。」霍夫蘭德導師似乎打算進行理論講述了。

「當我們想要表達一個有爭議的問題時，比如上面提到的洗髮精宣傳問題，其對消費者來說是有利有弊的，這種時候我們該怎樣宣傳才更容易去說服別人呢？是只使用有利的宣傳內容，還是利弊兩方面都說清楚？關於這一點，我們要根據具體情況來做判斷。」霍夫蘭德導師說道。

「我認為，如果目標受眾本就認可我們的意見，那我們只宣傳有利方面就可以了，這樣能夠進一步堅定對方的原有態度；但如果對方對我們的意見存有懷疑，那我們在宣傳時就要把正反兩方面內容都講出來，如果單獨講一方面內容，很容易被反對者抓住把柄。

此外，如果對方的受教育程度比較高，那說出利弊兩方面理由是比較好的。因為即使我們刻意迴避產品的缺點，也很容易會被對方發現。如果對方的受教育程度比較低，只說正面理由是比較好的。如果對方本就贊跟

我們的觀點，那在向其進行宣傳時，一定要用正面宣傳，這時如果採取利弊兩方面宣傳的話，很可能讓原本堅定的對方變得猶豫不定。不知道我這樣去論述，大家是否能夠理解？」看到課堂一下變得安靜起來，霍夫蘭德導師停下來問道。

「我認為您所說的內容更適合用在商品銷售上，當售貨員向顧客介紹商品時，很適合用這種『看人下菜』的方法。」李文文指出。

「沒錯，看樣子大家應該理解了上面我所介紹的內容。但在銷售商品時，單純依靠這種方法並不能百分百確保銷售成功，下節課，我再教大家一招。」看到大家似乎理解了自己講述的內容，霍夫蘭德導師提前透露了下節課的內容。

第四節　賣點的宣傳順序很重要

「在上一節課中，我們講到了在宣傳過程中如何表達有爭議的問題，並講到了『兩面提示』這一內容。在我看來，『兩面提示』就好比在宣傳之前為受眾『接種疫苗』，這樣當受眾遇到類似對立觀點宣傳時，便會產生較強的抵抗力。這種宣傳方法的說服效果會比直接讓受眾接受正面觀點要好得多。」在開始講述本節課內容前，霍夫蘭德導師先對上節課內容進行了補充和總結。

「在講到上述內容時，我們似乎還留下了一個問題，我記得是售貨員向顧客介紹商品的問題。在售貨員向顧客介紹商品的過程中，『看人下菜』地向顧客介紹產品的優缺點是很有必要的，同時按照哪種順序去介紹產品優點也是非常必要的。這也是本節課我們要講的『賣點的宣傳順序』問題。」霍夫蘭德導師說道。

「假設大家是化妝品銷售員，在向顧客宣傳產品時，你們會按照哪種

順序進行宣傳呢?」如上節課一樣,霍夫蘭德導師在講述理論時,同樣先拋出了一個問題。

聽到霍夫蘭德導師的提問時,課堂陷入短暫的寂靜之中,但從同學們的表情可以看出,大家並沒有被問題難住,而是在思索如何才能給出更完美的回答。

「如果是我來宣傳的話,化妝品的功效一定是第一位的,如果這款化妝品有什麼主打功效的話,那一定是最先要向顧客介紹的。在介紹完主打功效後,再介紹其他功效,儘量把效果介紹全,介紹過程中也可以跟其他產品作比較。最後再去介紹價格,介紹一下這款化妝品的性價比。」盧方娜好像早有準備一樣,她的回答讓其他準備給出類似答案的同學打消了發言的意願。

「看樣子女同學比較看重化妝品的功效啊,聽你這樣宣傳,確實能夠引起我的興趣,雖然我並不打算買化妝品。」霍夫蘭德導師認可了盧方娜的觀點,但他的評價似乎話裡有話。

「還有沒有其他同學踴躍發言,我比較想聽聽男同學們的看法。」霍夫蘭德導師說道。

男同學們似乎對化妝品完全不感興趣,大家你看看我,我看看你,沒有一個人想要站起來回答問題。

「我不認為功效有那麼重要,買化妝品自然是要看功效的,但同一檔次的化妝品功效也不見得有多大差異。所以我認為應該先把性價比放在首位,著重介紹價格優勢。」看到沒有人回答,馬鵬偉果斷站起來,給出了一個與盧方娜截然不同的觀點。

雖然回答問題時的馬鵬偉氣勢十足,但在與盧方娜眼神交匯的一刻,他便如泄了氣的皮球一樣,迅速跌坐到座位上。

　　「看樣子這位同學比較看重商品的性價比，如果把化妝品換成籃球鞋的話，這位同學認為要首先宣傳哪方面內容呢？」霍夫蘭德導師向馬鵬偉追問道。

　　「自然是品牌和構造了，什麼足弓設計、舒適腳感，什麼專屬定製、減重緩震，越是新功能新技術，越要放在最前面介紹，人們買的就是這個。」馬鵬偉似乎沉浸在自己的世界中，以至於完全沒有注意到課堂中爆發的大笑。

　　「看樣子你與這位女同學一樣啊，都是比較看重產品主要賣點的。之所以最開始答案不一樣，是因為沒介紹對產品。」霍夫蘭德導師笑著說道。

　　霍夫蘭德導師說完，課堂中又是一陣爆笑。馬鵬偉這才從自己的世界中清醒過來，笑著撓撓頭坐了下來。

　　「好了，現在我們回歸正題。前面之所以花費較長時間來讓大家回答問題，目的就是要引出我接下來要說的論點。在一些情況下，想要改變大眾的態度，合理配置問題的排列順序是非常重要的。哪些問題要先說，哪些問題要放在後面講，其中的排列順序是要講究一定技巧的。」霍夫蘭德導師說道（如圖 6-5 所示）。

　　「我認為，在宣傳過程中，率先提出來的論點，最容易引起受眾注意，而最後提出的論點，則更容易讓受眾記憶。基於這一點，在介紹論點時，我們需要根據不同情況來安排論點的介紹順序。

　　那些受眾贊同或可能接受的傳播內容，應該被最先提出來，這樣對宣傳成功是較為有利的。具體來說，優先向受眾介紹那些能夠喚起他們需求的內容，更容易被受眾所接受。

圖 6-5 賣點的宣傳順序很重要

這一點大家可以回憶一下自己看過的廣告片，它們大多會在最初用犀利的廣告語先聲奪人，而在結尾部分則通常會用較短的標語強調部分內容，來讓受眾記住。」霍夫蘭德導師說道。

「按照您所說的，在上面銷售商品的場景中，售貨員要怎麼安排宣傳順序，才能讓顧客願意購買商品呢？」盧方娜又提到了課程開始時的問題。

「我認為，在這種場景中，我們要確定的內容有兩點，第一點是產品的主打賣點，第二點是顧客的需求。產品的主打賣點是售貨員的必備知識，顧客的需求則需要售貨員在與顧客交談時獲取。如果二者相契合，則可以同時宣傳，但如果不相契合，則需要優先介紹滿足顧客需求的內容。

當然，即使顧客需求與產品主打賣點並不契合，也有人能將產品的主打賣點與顧客需求結合得很好，這就是說話技巧的問題了。」霍夫蘭德導師解釋道。

「好了，到這裡我要講的內容就都講完了。大家在後面學習傳播與說服內容的時候，可以多想想我所講的內容，傳播學中的內容很多都是一脈相承的。」霍夫蘭德導師總結道。

第六章　卡爾‧霍夫蘭德導師講「傳播與說服」

第七章
馬素・麥克魯漢導師講「理解媒介」

在本章中，馬素・麥克魯漢導師為同學們帶來了自己的理論著作《理解媒介》。圍繞書中出現的「媒介即訊息」、「媒介是人的延伸」、「冷媒介與熱媒介」、「地球村」等重要理論，麥克盧漢導師進行了精彩的論述。

馬素‧麥克魯漢

　　（Marshall McLuhan，1911年7月21日至1980年12月31日），加拿大著名哲學家、教育家和媒介理論家。1934年，在加拿大曼尼托巴大學拿到碩士學位後，前往劍橋大學留學，並在1942年獲得劍橋博士學位。

　　身為現代傳播學理論的奠基人，麥克魯漢的觀點對人類認知媒體產生了深遠影響。身為一位文學學者，他對傳播理論研究進行了獨特探索，提出了很多震驚世界的結論，如「媒介即訊息」、「媒介是人的延伸」等。雖然這些理論在當時因思想超前而不被人們理解和重視，但在今天，麥克魯漢的「預言」已經成為現實。他的主要著作有《機器新娘》和《理解媒介》等。

第一節　媒介即訊息

　　「每一種新技術都創造一種環境，這一新的環境本身常常被視為是腐朽墮落的。但是，新環境能使在此之前的舊環境轉變為一種人為的藝術形式。

　　文字剛發明時，柏拉圖把先前的口頭對話轉變為一種人為的藝術形式；印刷術誕生後，在中世紀變成一種人為的藝術形式。『伊麗莎白女王時代的世界觀』是對中世紀的一種看法。工業時代又將中世紀轉變為一種人工藝術形式……」麥克魯漢導師如一位詩人般忘我地說著。

　　「老師，您今天要講的內容是『媒介即訊息』嗎？」馬鵬偉像變了個人一樣，語氣溫和地打斷了麥克魯漢導師的講述。

　　「沒錯，是的。」聽到馬鵬偉的詢問，麥克魯漢導師先是一愣，隨後馬上回過神來。

「那就請您開始講吧。」很顯然，馬鵬偉並不喜歡麥克魯漢導師的「念詩講課法」。

「啊，很好。在正式開講前，我想問大家一個問題，大家認為在漫長的人類社會發展過程中，真正有意義、有價值的訊息究竟是什麼？」看上去，這個問題似乎是麥克魯漢導師忘記臺詞後臨時想出的應急方案，因為這樣的問題似乎很難找到標準答案。

雖然同學們針對這個問題展開了小聲討論，但卻遲遲沒有人站起來回答。時間一分一秒地過去，同學們的討論聲逐漸消失，課堂陷入寂靜之中。

「同學們似乎沒有思考過這個問題，可能也有一些同學會認為從古到今那些有意義、有價值的傳播內容很多，但在我看來，有意義、有價值的訊息不是那些傳播內容，而是媒介本身。」看到沒有人回答，麥克魯漢導師只好自己給出答案。

「在人類社會漫長的發展過程中，真正有意義、有價值的訊息並不是各個時代傳播的內容，而是這個時代所使用的傳播工具的性質，以及它所開創的可能性和帶來的社會變革。傳播媒介可以在多種多樣的物質條件下一再重現，正是這種形式上的特性構成了傳播媒介的歷史行為功效。」麥克魯漢導師繼續介紹道。

「您所說的這種『媒介』是否要比我們現在所理解的『媒介』的範圍要更寬泛呢？」盧方娜問道。

「你這個問題問得很好，我所說的媒介是一種廣義上的媒介。在你們眼中的『媒介』可能只有語言、文字、印刷品、廣播、電視、網際網路等，但我所說的『媒介』除了包括這些內容外，還包括各種交通運輸工具，同時也包括我們穿的衣服，住的房子，以及各個國家的貨幣，這些事

物都可以延伸人體的功能，所以都在我說的『媒介』範圍之內。」麥克魯漢導師解釋道（如圖 7-1 所示）。

圖 7-1 不同類型的媒介

「大家在這一解釋的基礎上再去理解我下面要講的內容，就會更容易一些了。」似乎覺得後面的內容更不好理解，麥克魯漢導師提前為大家打了一支預防針。

「為什麼衣服、房子可以被算作媒介呢？」林凱似乎並沒有弄懂這個問題。

「這一點確實不好理解，舉個例子，你覺得那些 LED 燈是媒介嗎？」麥克魯漢導師問道。

「不是。」林凱搖著頭答道。

「那 LED 廣告牌呢？」麥克魯漢導師又問道。

「廣告牌應該是。」林凱答道。

「那為什麼你會認為那些構成 LED 廣告牌的 LED 燈不是媒介呢？」麥克魯漢導師追問道。

林凱不知怎麼回答，一臉疑惑的樣子。

「在我看來，你之所以認為 LED 燈不是傳播媒介，是因為它沒有『內容』，而認為 LED 廣告牌是媒介，則是因為許多商家都會用它來打廣告。這時你所注意的是『內容』，但在我看來在這時不僅 LED 廣告牌是媒介，你所關注的這個『內容』也是媒介。正是基於此，我才將能夠延伸人體功能的事物看作媒介。關於這一點，我們在下節課中將會進行詳細論述。」麥克魯漢導師解釋道。

「在我看來，媒介推動著社會在不斷向前發展，每一個新媒介的產生，都會開創出一種人類感知和探索世界的新方式。人類的感覺會在傳播中改變，人與人之間的關係也會因此而改變，由此，新的社會行為類型就會被創造出來。

關於這一點，大家應該比我更有體會，我沒有趕上的時代，大家正生活於其中。接下來的內容，就由身處在這一時代的同學們來講一講吧。」麥克魯漢導師的言語中透露著傷感，如果他能生活在這個時代，應該還會開創出新的傳播理論吧。

「在網際網路時代，電腦應該算是一種媒介，它的出現完全改變了人類探索世界的方式。事實上，人與人之間的關係確實發生了改變，但究竟是變遠了還是變近了，卻並不好說。」李文文頗有感觸地說道。

「現在應該算是移動網路時代，電腦作為媒介的作用已經快被手機等

行動裝置所代替了。人與人之間的交流變得更加容易，人們也能隨時隨地獲得最新的新聞消息，手機作為媒介確實對人類社會產生了較大影響。」盧方娜對李文文的回答進行了補充。

「這樣說來，現在說的人工智慧時代、大數據時代什麼的，都算是媒介變革了吧。」馬鵬偉接過盧方娜的話說道。

「在我看來，人類社會的每一次變革都得益於媒介及其技術的發展，電視時代如此，網路時代如此，人工智慧時代甚至更遠的時代依然如此。因此，我們不應將關注的重點集中在各個時代的傳播內容上，而是應該關注各個時代的媒介，它們才是真正有意義的訊息。」在回應馬鵬偉的同時，麥克魯漢導師總結了本節課的內容。

第二節　媒介是人的延伸

「在課程開始之前，我希望大家回憶一下自己從出生到現在的生活發生了哪些改變。」一上來，麥克魯漢導師先提出了這樣一個要求。

這看上去是一個開放性的簡單問題，但同學們大多搞不準麥克漢導師想讓大家回答的點在哪裡，所以一段時間裡沒有人站起來回答問題。

「大家可以從媒介發展對自己生活的影響角度來說一說。」麥克魯漢導師似乎意識到了自己的問題，及時進行了補充。

「從這個角度來說，我覺得我至今為止的生活可以分為三個階段。

小時候接觸最多的是電視，當時就是在書本上獲得知識，在電視上獲得精神享受；上高中時，有了自己的電腦，獲取知識和追求精神享受就都靠電腦完成了；現在，手機越來越智慧，電腦逐漸被取代，手機幾乎成為身體的一部分，越來越與我們無法分割了。」盧方娜給出了教科書一般的回答，她以一己之力終結了這一問題。

「好，很好，我本以為這個問題需要兩三個同學才能回答全面，看樣子這位同學對媒介發展和自身生活變化的感觸很深啊。」麥克魯漢導師顯然沒有預料到這種情況。

「這節課我們要講的內容是『媒介是人的延伸』。在理解這一內容時，大家最好與前面我們講到的『媒介即訊息』理論相結合。

在我看來，任何媒介都是人的感覺和感官的擴展或延伸，文字和印刷媒介延伸了人類的視覺能力，廣播媒介延伸了人類的聽覺能力，電視則延伸了人類的視覺、聽覺、觸覺等多種能力。」麥克魯漢導師說道。

「那網際網路和人工智慧也算是人的延伸了。」馬鵬偉說道。

「沒錯，雖然我對這兩種媒介研究得不多，但它們確實也是人的延伸。」麥克魯漢導師強調道。

「不同時代的技術發展為人的延伸帶來了不同的變化。在機械時代中，人的身體獲得了極大延伸；而在電氣時代中，人的中樞神經系統則獲得了較大延伸；到了現在這個時代，就進入意識延伸階段了。」麥克魯漢導師指出。（如圖 7-2 所示）

傳播學家語錄：
印刷媒介是人視覺能力的延伸，廣播是人聽覺能力的延伸，電視、網路則是人視聽和觸覺能力的綜合延伸。

圖 7-2 媒介是人的延伸

「我們要如何理解這種意識上的延伸呢？」盧方娜不解地問道。

「在技術模擬意識的階段，創造性的認知過程將會在群體中和在總體上得到延伸，並進入人類社會的一切領域，這就像我們的感覺器官和神經系統憑藉各種媒介得到延伸一樣。所以，對於這個問題，我們需要充分考慮各個類別的延伸後，才能得到答案。」麥克魯漢導師說道。

「您的意思是說，人的任何一種延伸，都是在前一種延伸的基礎上產生的嗎？」盧方娜繼續追問道。

「你可以這樣理解，因為事情正是這樣發生的。人的任何一種延伸，無論是皮膚的、手的，還是腳的延伸，對整個心理的和社會的複合體都會產生影響。下面，我們以不同的延伸展開說明。」麥克魯漢導師回答道。

「在機械時代，汽車作為媒介是人的一種重要延伸。它的出現不僅使鄉村消亡，同時也毀滅了環境閒適的城市，其讓街道，甚至是人行道都呈現出一種非常緊張的場景，甚至讓孩子們都無法在輕鬆的環境中嬉戲成長。」麥克魯漢導師說道。

「您所說的汽車作為人的延伸，是在強調其對人類社會和人類生活的變革和影響嗎？如果是這樣的話，那火車和飛機也與汽車一樣都是人的延伸嗎？」盧方娜繼續問道。

「當然，人類的任何技術和任何工具的發展，都可以看作人的延伸，它們深刻而持久地改變了人以及人所在的環境。」麥克魯漢導師強調道。

「但我們為什麼無法及時感知到這種改變呢？如果現在讓我去說網際網路出現對我們生活的改變，我也許能夠總結幾點，但如果讓我說現在這個時代的媒介對我們的生活造成了多大改變，我也許很難說出什麼。」李文文疑惑地問道。

「在我看來，媒介對人的延伸是一種強化，是對人的感知覺器官或功能的放大，當它發生時，人的中樞神經系統可能會對受影響的區域進行隔離（也可以稱作麻醉），而這種出於自我保護的麻醉，會讓人意識不到發生的事情。

這更像是身體在震驚或者壓力條件下的本能反應，與佛洛伊德所說的壓抑理論很相近。我認為這是人類對新技術所帶來的心理和社會影響失察的一種綜合表現，這就好像魚兒對身邊的水沒有感覺一樣，就好像人類對身邊的空氣沒有感覺一樣。所以當一個新媒介創造的環境深刻改變了我們的感官平衡時，我們自己也會對此無知無覺。」麥克魯漢導師似乎很重視這個問題，對其進行了詳細解釋。

「在當今時代，大家在生活中或多或少都會感到焦慮，這是因為大家還沒有意識到發生在自己身上的事情。整個世界變化發展得實在太快了，你們中的很多人可能還沒弄懂網際網路是什麼，人工智慧、大數據、物聯網和區塊鏈就出現在了大家的生活中。

電子媒介的出現，促成了文化、價值觀和立場的快速轉變。我們只有意識到其動態規律，才能改善當前這種狀況。也就是說，如果我們能夠理解新媒介對當前社會生活帶來的巨大轉變，我們就可能會預見並控制它們。但如果我們依然停留在自我麻醉狀態，那我們就會成為媒介的奴隸。」麥克魯漢導師總結並強調道。

「我覺得大家可以向藝術家們多多學習，因為他們總是能先知先覺。」麥克魯漢導師補充道。

第三節　「熱媒介」與「冷媒介」

「現在我這裡有一些媒介，如電話、電視、電影、收音機……」麥克盧漢導師列舉了一系列媒介，「在研究媒介時，我將這些媒介分成了『熱媒介』和『冷媒介』，現在我先不告訴大家我的分類標準是什麼，大家先自己來試著將這些媒介分一分類。」

對於這個問題，如果提前預習過麥克盧漢導師關於「熱媒介」和「冷媒介」論述的同學應該很容易能夠回答出來，但如果沒有提前學習過相關內容，在分類時就會毫無頭緒，畢竟就連麥克魯漢導師本人也沒有對全部媒介進行過明確的分類界定。

「我認為電視是一種冷媒介，因為我們想要理解它所傳遞的訊息需要調動多種感官。」盧方娜第一個給出答案。

「很好，你的判斷與我一致。」麥克魯漢肯定了盧方娜的回答。

「那電影也是一種冷媒介，與電視一樣，同樣需要我們調動多種感官才能理解它所傳遞的訊息。」林凱使用以此類推的方式給出了自己的答案。

「你這樣回答也有道理，你說的電影可能應該是有聲電影，如果是無聲電影呢？你會將它歸到哪一類？」麥克魯漢導師追問道。

「無聲電影與有聲電影都是電影，它們傳遞的訊息是一樣的，應該也屬於冷媒介吧。」林凱對這個答案似乎並沒有那麼肯定。

「不對！如果從調動感官的角度來講，無聲電影所傳遞的訊息，我們只要透過視覺就可以理解；而有聲電影所傳遞的訊息，則需要我們調動視覺和聽覺才能理解。所以，無聲電影應該分到熱媒介類別中。」盧方娜一針見血地指出了林凱回答中的破綻。

「沒錯，這位女同學的補充很正確，看樣子是課前做足功課了。」麥克魯漢導師笑著說道。

「這樣說來，劃分『熱媒介』和『冷媒介』就是按照它們所傳遞的訊息需要調動多少我們的感知器官嗎？」林凱不解地問道。

「這算是一個方面，還有一些其他的判斷點，下面我來詳細敘述一下。」麥克魯漢導師解釋道。

「在我看來，那些『熱媒介』所傳遞的訊息都是比較清晰明確的，我們在接受這些訊息時並不需要調動過多感官去思考和聯想，大家可以認為這些媒介本身就是『熱』的，我們進行訊息處理時不需要提前進行過多準備。

而那些『冷媒介』則與『熱媒介』恰好相反，它們所傳遞的訊息比較少，而且相對模糊，我們在理解時需要調動多種感官相互配合，同時還要充分發揮想像力去思考。這就是『熱媒介』與『冷媒介』的區別所在。」麥克魯漢導師詳細闡述了自己的理論。

「簡單來說，大家可以從『訊息清晰度』、『訊息內容量』和『感官參與度』三個方面來判定一種媒介究竟是『熱媒介』，還是『冷媒介』。」麥克魯漢導師總結道。

「下面我來說幾個特殊的媒介，大家來判斷一下它們究竟是『熱媒介』，還是『冷媒介』。」看到沒有人提問，麥克盧漢導師打算透過互動來活躍一下課堂氣氛。

「照片是什麼媒介？」麥克盧漢導師問道。

「熱媒介！」大家似乎異口同聲地回答道。

「那漫畫呢？」麥克盧漢導師繼續問道。

「熱媒介！」「不對，應該是冷媒介。」這一次大家的回答似乎產生了分歧。

「這樣，哪位同學站起來說一下。」麥克盧漢導師似乎不太適應這種群體回答。

「它應該與照片一樣，都是熱媒介。」林凱搶先答道。

「應該是冷媒介吧，從感官參與度上來說，理解漫畫要更為複雜一些。」馬鵬偉給出了截然不同的答案。

「我比較認同第二位同學的觀點，漫畫並沒有照片清晰，在理解它所傳遞的內容時，也需要我們更多地進行思考和想像。」麥克魯漢導師解釋道。

「那電話是一種什麼媒介呢？」林凱問道（如圖 7-3 所示）。

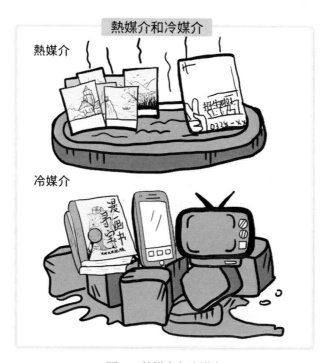

圖 7-3 熱媒介和冷媒介

「電話是一種冷媒介，因為它提供給我們的訊息是相當匱乏的。」麥克魯漢解釋道。

「那這麼說，語言也是一種冷媒介了，它提供給我們的訊息也是有限的，很多時候我們需要自己去完善這些訊息，從而理解訊息的意思。」李文文補充道。

「沒錯，的確是這樣的。」麥克盧漢導師肯定了李文文的回答。

「那些作用於多種感官的媒介所傳遞的訊息，不是要比作用於單一感官的媒介更為豐富嗎？這樣說來，訊息含量大的媒介，感官參與程度就要更高，那無聲電影和有聲電影的分類不就有問題了嗎？」李文文又將焦點轉到了無聲電影和有聲電影的分類上。

「關於這一點，我們確實沒辦法按照一貫的標準進行分類。在我看來，區別冷熱媒介的原則，完美地表現在俗語的智慧之中，即『女子戴墨鏡，男子少調情』。墨鏡會使開朗的外觀更加突出，從而完全填補了女性的形象。而墨鏡也會讓人的形象神祕莫測、難以接近，這種形象需要人去參與了解，並去補充完成。」麥克魯漢導師給出了一種模稜兩可的回答，這種解釋似乎比不解釋還要模糊。

關於「熱媒介」和「冷媒介」的分類標準，麥克魯漢並沒有進行過明確界定，他對冷熱媒介的劃分也沒有一貫的標準，在一些時候，甚至還存在著邏輯上的矛盾。事實上，冷熱媒介的分類其本身並沒有太多科學價值，但這種媒介分類方式告訴我們，不同媒介作用於人的方式是有所不同的，從而會引起受眾不同的心理和行為反應。對於媒介研究者來說，在研究媒介時候應該將這些因素充分考慮在內，這樣的研究成果才是全面而有價值的。

第四節　「地球村」是怎麼來的

　　一個月的時間很快便到了尾聲，麥克魯漢導師的傳播學課程也迎來了終結。麥克魯漢導師的理論雖然在表述上有些複雜，但放在當今時代去思考，還是很容易理解的。至少對於盧方娜來說，消化麥克魯漢導師講過的內容並不困難。

　　「大家如果看過我的書，應該會知道我是個不喜歡對自己的理論做過多解釋的人，所以讓我來講課可能並不是個明智的選擇。從現在大家所處的時代來理解我的理論，應該要比在我們那個時代去理解容易得多，因此大家在聽課的過程中，可以多多發散思維，將我的理論引入到你們的日常生活中去檢驗。這樣你們能更好地理解，我也能少做些解釋。」麥克魯漢導師說道。

　　「最後一節課了，您還是多說一些吧。」盧方娜笑著說道。

　　「不了不了，本節課的內容不用我多說什麼，大家應該都能理解。」麥克魯漢導師也笑著回應道。

　　大家的歡笑讓最後這堂課的氣氛活躍了不少。

　　「我想『地球村』這個概念大家應該都不陌生吧？」麥克魯漢導師試探性地問道。

　　「這是我們小學社會課中講過的內容。」馬鵬偉搶著說道。

　　「小學內容？雖然這個概念很好理解，但應該沒有到小學生都能理解的程度吧。」麥克魯漢導師小聲嘀咕道。

　　「那就請這位同學來為大家解釋一下『地球村』這個概念吧。」麥克魯漢導師看著馬鵬偉說道。

　　「在經濟全球化影響下，跨國公司不斷增加，伴隨著跨國貿易的興

盛，世界各國間連繫更為緊密，地球由此逐漸演變成了『地球村』。」馬鵬偉如背書一般給出了答案。

「啊，還有網際網路技術的推動，也是『地球村』形成的關鍵因素。」還沒完全坐下的馬鵬偉又補充道。

「回答得很好，這位同學的回答確實很有社會學的感覺。在我們那個時代，還沒有多少人認為世界變得越來越小了，但在我看來，當時的世界已經開始縮小了，而到了你們這個時代，地球真的就像一個村子那樣小了。」麥克魯漢導師說道。

「但我所說的『地球村』概念更多的是從傳播學角度出發的，與這位同學所說的可能有些不同，我關於『地球村』形成的原因有以下幾點看法。

首先，電子媒介的出現讓訊息傳播的距離越來越遠，生活在地球某一角落的人們可以借助電子媒介，了解到發生於地球其他角落的重大事件。如果放在遠古社會，人們只能透過口耳相傳來了解遠方的事件。

其次，電子媒介的同步化讓人與人之間的溝通更為緊密，依靠即時通訊工具，人們可以隨時溝通聯繫，整個世界的空間距離逐漸被消除。

最後，在電子時代，人不再是分裂切割、殘缺不全的人，而是重新完成了部落化過程的人，這是一種不同於原始社會的部落化，而是一種更高層次的重新部落化。」麥克魯漢導師條分縷析地解釋了「地球村」概念的由來（如圖 7-4 所示）。

「人們為什麼會變得分裂切割、殘缺不全？」盧方娜問道。

「我以為你會問什麼是『重新部落化』的問題。」麥克魯漢導師說道。

「也要問的。」盧方娜接著說道。

圖 7-4 「地球村」的由來

「這兩個問題確實需要放在一起來說。關於前面『地球村』形成的原因，大家應該能理解我說的前兩方面原因，疑問應該都落在最後一點上，在這裡我來集中解釋一下。」口口聲聲說不解釋的麥克魯漢導師解釋道。

「在原始社會中，語言是最基礎的傳播媒介，由於聲音的傳播距離有限，人們必須要生活在一定範圍內，由此便形成了原始社會的部落。在原始社會中，人們依靠語言媒介相連接，彼此間保持著較近距離的密切關係。這是人類社會最初的部落。

這一時期人類感知世界的方式是整體的，人們自身的技藝也是多方面發展的，當時的人們既不會去分析事物，也不會專精一門技能。所以我將

這時的人稱為部落人、整體的人，他們是不被分割肢解的、不專精於一門的人。」麥克魯漢導師解釋道。

「真是因為當時物質條件十分匱乏，沒有過多事物分散他們的注意力嗎？」李文文問道。

「我認為是因為媒介單一的原因，但你這個角度的解釋也有一定的道理。」麥克魯漢導師肯定了李文文的回答。

「伴隨著文字和印刷媒介的出現，人與人之間的交往變得不那麼緊密，至少他們不必再在物理空間上緊密接觸，而是可以分散到更廣闊的地域中。這種情況導致了人與人之間的關係變得疏遠，部落社會也隨之解體。

這一時期的人們學會了分析，但隨之而來的就是人們變成了被分裂切割、殘缺不全的非部落人。機械印刷術和工業化將人類推向了非部落化的極端。」麥克魯漢導師繼續說道。

「我還是不能理解人們是如何變得分裂切割、殘缺不全的。」盧方娜依然對這個問題充滿疑惑。

「我覺得你可以從『技術發展了，卻沒有發展到完善』這個角度來理解這個問題。這一時期人們專精一門便可生存下去，事實上大多數人都變成了這樣。」麥克魯漢導師解釋道。

「到了電子時代，電子媒介尤其是電視的出現再一次改變了社會發展狀況。其依靠實時傳播和強烈的現場感再次連結起整個世界，人與人之間的實際距離雖然沒有變化，但感覺上的距離卻拉近了很多。在這一階段，人類在整個世界範圍內實現了重新部落化，這種新的部落範圍要遠超過原始社會的部落範圍，所以我用『地球村』來描述它。」說完，麥克漢導師長出了一口氣。

「這樣說來，在將來還會出現『太陽系村』『銀河系村』和『宇宙村』嗎？」馬鵬偉問出了一個異想天開的問題。

「如果媒介技術發展到足夠先進，應該會出現這些情況。當然，你們能不能等到就不知道了。很多時候，我們都是在盯著後視鏡看現在，倒退著走向未來。」留下一句意味深長的話語後，麥克魯漢導師消失在講臺之上，這一次他並沒有對這句話給出任何解釋。

第八章
梅爾文・L・德弗勒導師講「媒介依賴」

在本章中，梅爾文・L・德弗勒導師為同學們帶來了有關「媒介依賴」的內容。德弗勒導師的講述可謂天馬行空，開始還在講「媒介依賴者」，隨後又講到了「魔彈理論」，過了一週，他的話題又到了「興趣推薦」上。這些看上去頗為跳躍的內容，被德弗勒導師完美地串聯在一起，形成了趣味十足的課堂風格。

梅爾文・L・德弗勒

（Melvin L・DeFleur，1923 年 4 月 27 日至 2017 年 2 月 13 日），1923 年出生於俄勒岡州的波特蘭，著名社會學家和傳播學家。在 1970 年代初期，他主要致力於社會學理論研究，與他人合作完成了多部社會學入門書籍。

此後，伴隨著電視媒介的興起，他開始研究大眾媒體。1976 年，他與桑德拉・鮑爾・洛基奇共同創立了媒介依賴理論。其主要代表作品為《大眾傳播學諸論》。

第一節　你是不是一個「媒介依賴者」

「那位玩手機的同學，快把手機收一下！看你這姿勢是在打遊戲吧，打遊戲出去打，不要影響其他同學！」德弗勒導師衝著一個玩手機的男生說道。

「我沒有玩手機，我在看您寫的書呢。」男生一邊說，一邊舉起手中的手機讓德弗勒導師看。

「噢，在看我的書啊，我就在你面前，看看我不好嗎？不要對手機太過依賴，小心成為一個『媒介依賴者』。」德弗勒導師說道。

「『媒介依賴者』是什麼？」男生問道。

「看我的書還不知道『媒介依賴者』是什麼，你真是，還不如打打遊戲放鬆一下呢。」德弗勒導師開玩笑地說道。

「好了，玩笑過後，我們來正式開始本週的課程。在第一堂課中，我們就來講一講『媒介依賴』這一問題吧。」德弗勒導師說道。

「我認為，媒介是現代社會結構的一個重要組成部分，它與個人、群

體、組織和其他社會系統具有相互關係。一種新的媒介在社會中立足之後，人就會與之形成一種依賴關係，這種關係往往具有雙向性，媒介身為較為強勢的一方，從傳播內容方面控制著人。人們希望獲得有用的資訊，只要媒介還沒令他們失望，他們就會不斷增加對其的依賴性。」德弗勒導師詳細介紹了自己的媒介依賴理論（如圖 8-1 所示）。

傳播學家語錄：
媒介在特定的社會中以特定方式滿足了特定受眾的需求，受眾的使用決定了媒介的影響力，而依賴媒介的受眾將會受到更大影響。

圖 8-1 媒介影響受眾

「網路成癮現象也是媒介依賴的表現嗎？」盧方娜問道。

「沒錯，現在更多說的應該是手機成癮吧。」德弗勒導師看向玩手機的男生，「這位同學能講一講手機媒介對你的影響嗎？」

男生似乎早就準備好了應對之策一樣，迅速站起來說道：「我覺得手機媒介變得越來越智能，給我們的生活提供了很多便利。比如在您開始講課之前，我就可以透過手機閱讀您的著作，同時還可以查到其他我想要查閱的東西。當然在想要放鬆的時候，我還能聽聽音樂、看看電影、玩玩遊戲，所以我覺得這種依賴沒什麼不好的。」回答完問題後，男生以一種勝利者的姿態坐到了座位上，將發言權重新交到了德弗勒導師手上。

「很好，這位同學回答得很正確。我就順著這位同學的回答，繼續為大家介紹一下媒介依賴理論的其他內容。」德弗勒導師似乎得到了他想要的回答。

「不可否認，當前社會已經變得越來越複雜了。當置身於這樣的社會中時，我們不得不依賴媒介去認識世界、感知世界。很多時候，我們還需要依賴媒介去對一些事情做出應對和選擇，利用媒介幫我們放鬆精神、減輕壓力。

正如上面這位同學所說，使用手機可以幫助他獲得知識，查閱各種資料。而當他需要放鬆的時候，還能利用手機聽聽音樂、玩玩遊戲。這是大眾媒介不斷發展的結果，同時也是社會不斷演化的結果。」德弗勒導師解釋道。

「但依賴媒介不會讓人喪失自我思考嗎？」盧方娜問道。

「這一點是值得去思考的。當我們越來越頻繁透過媒介去理解社會時，媒介也在不斷塑造著我們的期望和精神。在前面的課程中，大家應該學習過『擬態環境』的內容，可以利用這一理論去理解這個問題。」德弗勒導師說道。

「在個人層次的媒介依賴關係中，個人會在謀求生存與發展的動機驅使下樹立起『理解自身及社會、確定方向、獲得娛樂』這三種目標，想要實現這些目標，個人就需要去接觸並依賴媒介來獲得資訊，這是一個讓人『上癮』的過程。」德弗勒導師解釋道。

說到這裡，課堂中發出一陣「哦」的聲音，看上去大家似乎理解了媒介依賴理論的「門道」。

「要怎樣理解這個『上癮』的過程呢？為什麼有的人沒那麼『上癮』，有的人卻嚴重『上癮』呢？」李文文問道。

「你這個問題不能只依靠傳播學理論來解釋，但從傳播學角度來說，每個人受到媒介的影響是不同的，一般那些需求較多的人，會更依賴媒介，其受到媒介的影響也會更大。在資訊化社會中，資訊越來越多、越來越碎，人們為了實現目標只能更加依賴於媒介。」德弗勒導師解釋道。

「上面提到的媒介依賴主要是受眾對媒介工具的依賴，即受眾將媒介作為獲取資訊的工具或消遣娛樂的手段，來滿足自己的需求。除了這種受眾對媒介工具的依賴外，還有受眾對媒介內容的依賴。」德弗勒導師說道。

「這種媒介內容是指網際網路所營造出來的虛擬世界嗎？」李文文問道。

「主要是指媒介創造出來的『擬態環境』，除了你說的『虛擬世界』外，還有『二次元世界』等。媒介透過文字、圖像、聲音等符號載體，透過向受眾傳播資訊的方式，為受眾打造了一個來源於現實，又與現實並不完全相同的媒介環境。

在這種媒介環境中，受眾對媒介的依賴會更為明顯，而媒介對受眾身心的影響也會更加強烈。」德弗勒導師指出。

「那些因為沉迷網路遊戲，分不清虛擬和現實的人是因為過度依賴媒介嗎？」盧方娜追問道。

「這類人對媒介的依賴肯定是有的，但是否存在一些其他的原因，還需要具體問題具體分析。」德弗勒導師給出了一個較為中肯的解答。

「我覺得相比於這種依賴，我們當前還是對媒介工具的依賴更為強烈。」李文文說道。

「沒錯，伴隨著資訊碎片化程度不斷加深，人們對媒介工具的依賴也會進一步加深。從現在來看，這種趨勢是無法避免的。但對於大家來說，

如何保證高效利用媒介工具，而不是因為過度依賴而被媒介影響和左右，是大家需要考慮的問題。

　　相比於對媒介工具的依賴，雖然受眾對媒介內容的依賴並不普遍，但從影響程度來看，如果越來越多的受眾開始對媒介內容產生依賴，總是飄蕩在媒介所描述的虛擬的自由王國中，看上去每個人似乎都找到了自己的理想樂園，但其究竟是樂園，還是牢籠，需要大家仔細思考。」德弗勒導師對本節課進行了總結。

第二節　大眾傳播的「魔彈理論」

　　「人類研究傳播效果的歷史，可以追溯到很早很早以前，在古希臘和古代中國都曾留下過許多相關記載。但我們今天並不需要去探尋那麼久遠的歷史，我們主要來談一談 20 世紀以來的現代傳播效果研究。」德弗勒導師說道。

　　「現在讓我們將時鐘撥回到 20 世紀初到 30 年代這段時間，大家先思考一下這段時間都發生了哪些事情。」看樣子德弗勒導師是打算講一些傳播效果研究史方面的內容了。

　　「這一時期的戰爭比較多，有第一次世界大戰，各個國家也爆發了革命，一些國家甚至為第二次世界大戰做好了準備。」馬鵬偉強調了這段時間戰爭不斷。

　　正當另一位同學準備起身回答問題時，德弗勒導師提醒道：「大家可以多談一些傳播學方面的事情。」聽到導師如此提醒，準備回答問題的同學坐了下來，隨之而來的是一片寂靜。

　　「事實上，在這段時期裡，報刊、廣播和電影等媒介有了較快的發展，傳播學者們對傳播效果的研究也由此開始。」經歷片刻尷尬後，德弗

勒導師繼續說道。

「這一時期的傳播效果理論被稱為『魔彈論』或『皮下注射論』，研究者們認為傳播媒介具有不可抗拒的力量，它們所傳遞的資訊就好像一顆子彈一樣擊中受眾，好像一劑藥劑一樣注入受眾皮膚之中。」德弗勒導師解釋道。

「傳播效果有這麼立竿見影的時候嗎？」馬鵬偉似乎並不認同這一理論。

「看來有同學看出其中的問題了，『魔彈論』認為傳播媒介可以左右人們的態度和意見，一些時候甚至可以支配人們的行動。大家覺得這可能嗎？」德弗勒導師問道。

「不可能！」同學們幾乎異口同聲地給出了一致回答。

「有些時候也有可能。」正當德弗勒導師想要繼續向下講時，盧方娜說道。

「哦？這位同學認為在什麼時候可能會出現這種情況呢？」德弗勒導師問道。

「我並不知道怎樣能出現這種情況，但從當前時代的社會現實來看，就是有一些人被傳播媒體所誘導，被騙財、被騙色、被煽動，這些社會現實都可以體現出這種傳播效果。」盧方娜解釋道。

「我認為你所列舉的例子並不常見，所以沒辦法作為一個普遍的樣本進行解讀。事實上，在 20 世紀初之所以會出現這種『魔彈論』：一方面是因為大眾媒介在當時迅速普及，以廣播和電影為代表的電子媒介迸發出巨大活力，滲入每個人的家庭與生活之中，由此對大多數受眾產生了深刻影響；另一方面是因為在這一時期，各個社會主體對傳播媒介的利用都達到了很高的程度，這讓人們處處感受到傳播的力量。」德弗勒導師解釋道。

「在第一次世界大戰中的宣傳達到這種效果了嗎？」李文文敏銳地想到了世界大戰中的宣傳問題。

「在第一次世界大戰中，許多國家都參與到了宣傳戰之中，交戰雙方不僅要瓦解對方的鬥志，還需要團結自己的盟友。為此，他們透過新聞報導、圖片、電影、海報、書刊等宣傳手段為自己服務。這場戰爭最後以協約國一方獲勝而結束，不可否認，宣傳對協約國的勝利造成不小的作用，但這種效果並不是絕對的。」德弗勒導師解釋道。

「您的意思是說這種『魔彈論』實際上是錯誤的嗎？」李文文繼續問道。

「從此後的傳播學發展，以及傳播效果研究來看，這一理論無疑是錯誤的，它有些過分誇大了大眾傳播的力量和作用。這一點很好理解，以現在的情況來說，我在課堂上講授知識，大家在座位上聽，我的話語能像子彈一樣擊中大家，並立刻產生效果嗎？很顯然，這並不可能。」德弗勒導師說道。

「那為什麼當時的傳播學研究者會認為受眾的態度和意見會受到媒介的左右呢？」盧方娜似乎對這一問題仍有疑問。

「在我看來，『魔彈論』以本能的『刺激—反應』論和媒介效果強大為基礎，再加上當時『相互隔絕、孤立無援』的受眾觀，最終得出上述結論也就不讓人意外了。

當然，這種觀點產生於傳播效果研究的初期，人們對媒介的認知存在不足是可以理解的。在此後的傳播效果研究中，研究者們在一系列實驗和實踐基礎上，又發現了新的傳播效果理論。

而到了現在，傳播媒介依然在不斷變化發展，傳播效果的研究也在不斷跟進，誰都不知道會不會有新的傳播效果理論出現。但對於你們而言，

真正重要的應該是理解各種傳播效果的發生機制,這樣就不會出現上面同學提到的『被騙財、被騙色、被煽動』的結果了。」借助於對「魔彈論」的介紹,德弗勒導師為同學們上了一堂生動的人生哲學課。

第三節 「興趣推薦」究竟在推什麼

「在上一節課中,我們介紹了『魔彈論』的主要內容,透過我的講述,大家應該拋棄那種認為大眾傳播能對受眾產生直接、即時效果的觀念了。但在理解人們如何接受大眾傳播並受其影響方面,這一內容肯定是不夠的。」德弗勒導師說完停頓了一下。

「經常滑臉書 IG、熱點新聞的你們,應該對『興趣推薦』不陌生。但在接受這種『興趣推薦』服務的同時,大家有沒有想過其出現的原因是什麼?」德弗勒導師說道。

德弗勒導師竟然提出了這麼新潮的問題,而這一突如其來的問題也著實難住了在座的同學們,似乎又一次冷場即將發生。

「它可能就是為了讓我們沉迷其中無法自拔。」馬鵬偉及時救場,引得大家哄堂大笑。

「這種程式應該是透過記錄我們的操作行為,來推算出我們的興趣,然後根據不同人的興趣給大家推送不同的內容。從目的上來說,可能確實是為了長時間地把我們留在這款程式上。」在笑聲逐漸平息後,盧方娜回答道。

「從技術角度來講,這位同學的解釋是非常正確的。我今天要講的內容與此具有很大的關聯,但並不是技術層面的,而是心理層面的。」跟著大家一起笑的德弗勒導師盡力讓自己平靜下來。

「在研究傳播效果過程中，我發現受眾心理或認知結構上的個人差異，是影響他們對媒介注意力以及對媒介所討論的問題和事物所採取的行為的關鍵因素。」德弗勒導師說道。

　　「個人差異是指人們在個性上的差異嗎？」盧方娜問道。

　　「這種差異可以說是全方位的，它可以是興趣愛好的差異，可以是性格脾氣的差異，也可以是人生觀和價值觀的差異，整體來說世界上沒有兩個一模一樣的傳播對象。」德弗勒導師解釋道（如圖 8-2 所示）。

圖 8-2 無所不在的「興趣推薦」

「在這裡，大家認為這些個人差異的各個方面，是從我們的先天遺傳而來，還是由我們後天學習得來的？」德弗勒導師問道。

「先天後天應該都會有一些，性格可能存在先天遺傳的影響，興趣愛好應該更多是後天習得的。」林凱將自己的一票分成了兩部分，先天後天各分一半。

「我覺得還是後天因素更多一些，先天遺傳的應該是一些身體特徵才對。」齊悅說道。

從同學們的小聲議論中可以聽出，支持後天學習的同學更多一些。

「這一問題在 20 世紀以前的心理學領域得到了廣泛討論，而後這種討論在社會學領域也時有發生。到了 20 世紀以後，那些堅信『先天性』的心理學家們開始動搖，最終『後天學習派』在這場討論中堅持到了最後。

這種『後天學習論』對於大眾媒介效果研究者來說意義非凡，媒介正是一種把觀念傳遞給受眾的手段，這些觀念也明顯在訊息接受者的心理組織上產生了變化，可以說這種行為轉過來又改變受眾的行為。」德弗勒導師解釋了很多，但似乎依然沒有點明自己要說的內容。

「您是認為大眾媒介可以培養我們嗎？」李文文問道。

「你可以這樣理解，但關於這一理論更詳細的內容，相信後面會有導師專門為大家講述。我在這裡要說的，主要是在發現人的差異對於理解受眾行為的意義得到展示後，那些使用大眾媒介的人出現的一些改變。」德弗勒導師解釋道。

「在傳播效果研究過程中，始終存在著一個不好解決的問題，那就是使用大眾媒介進行說服時，有什麼辦法可以獲得更多受眾的響應？

大眾媒介從業者想到了兩種策略，一種是『一樣資訊適用全體』，簡

單來說就是針對所有受眾，用全部版面去傳播同樣的消息，從而來獲取最佳效果；另一種是『不同資訊針對個體』，即那些說服性資訊應該根據具體對象的興趣愛好、性格需要、人生觀和價值觀，因人而異地傳播。」德弗勒導師說道。

「『興趣推薦』是運用了第二種策略的。」林凱說道。

「沒錯，從傳播策略上看確實如此，這正是由個人差異被認知後所帶來的結果。」德弗勒導師解釋道。

「因此，在展開說服性行動前，我們需要先鑑別資訊所針對的各種類型人們的具體特點。在做好這一點後，為了讓說服性行動更為有效，我們需要在訊息中加入一些能夠吸引特定受眾注意力的內容，這樣我們的說服性行動的成功率才會有所提高。」德弗勒導師繼續說道。

「這不就是『看人下菜』嗎？」馬鵬偉好像一下子明白了過來。

「確切地說這是『看人做菜』，你做的菜只有符合對方的胃口，對方才願意付錢。如果你的菜讓人難以下嚥，說不好對方還要與你打上一架。」德弗勒導師用一個生動的比喻結束了這節課。

第四節　傳播過程模式是個複雜系統

「在傳播學的發展歷史中，有不少研究者喜歡用構建模式的方式來說明傳播過程，我就是其中的一個。我構建的傳播過程模式雖然不是最好的，但至少不是最差的，所以在最後一節課中，我想跟大家探討一下這方面的內容。」似乎是在前面幾節課中放開了自我，德弗勒導師的言語愈發幽默。

「在介紹我的傳播過程模式之前，我們先來介紹一下其他研究者構建

的傳播過程模式。」看樣子，德弗勒導師要講一堂大課了。

「在傳播學史上，第一個構建傳播過程模式的人是拉斯威爾，你們應該也見過他了，他的傳播過程模式就是『5W』模式，大家只要把那5個『W』串起來就好了，這裡我就不多做說明了。」德弗勒導師幾句話帶過了拉斯威爾導師研究多年的理論。

「大約與拉斯威爾同時，『香農—韋弗』模式出現了。這一模式描述的是電子通訊的過程，所以是直線的，缺少反饋。這個模式引入了『噪音』的概念，我覺得還是比較有價值的。」德弗勒導師用幾句話點評了「香農—韋弗」模式。

「關於這些模式具體的結構，您能講得再詳細一些嗎？」盧方娜問道。

「好，後面我會講詳細一點的。」德弗勒導師的回答讓人聽著有些應付的成分在其中。

「直線模式缺乏反饋環節這一問題得到重視後，一些學者開始構建其他類型的傳播過程模式。施拉姆你們應該也見過了，他提出了一種被稱為『循環模式』的新模式。他這個過程強調了傳播的互動性，並將傳播雙方都當成了傳播行為的主體，這是值得肯定的。但其將傳播雙方放在完全對等的關係中，這顯然是不符合現實的。

當然，他本人也意識到了這一點，在這一模式之後，他又提出了另一種大眾傳播過程模式。這個模式就要相對全面很多了，裡面涉及內容也比較多，在這裡就不展開說明了，大家有興趣可以自己去了解一下。」德弗勒導師似乎又開始了一語帶過式講課。

「您還是多給我們解釋解釋吧。」盧方娜再次說道。

「好，既然大家想多了解一下，下面我就多做些解釋。」從表情來

看，這次德弗勒導師的話應該是認真的。

「最後要說的一種傳播過程模式是『互動過程模式』，這個模式克服了單向直線傳播的問題，將反饋的要素、環節和管道融入整個模式之中，使得整個傳播過程模式更符合人類傳播互動的特點。

另外，相比於『香農—韋弗』模式，這種模式還將『噪音』與整個傳播過程的各個環節相關聯，表示在訊息傳達和反饋過程中的任何一個環節或要素都會發生影響。」德弗勒導師說著，整個臉上都洋溢著驕傲的神色。

「這個『噪音』指的是什麼？是說干擾訊息傳播的其他什麼聲音嗎？」李文文問道。

「這種『噪音』來自於訊息之外，是訊息傳播過程中的各種干擾因素。」德弗勒導師解釋道（如圖 8-3 所示）。

「它是代表著外部所有干擾訊息傳播的因素嗎？具體來說又有什麼呢？」李文文繼續追問道。

「嚴格來說，『噪音』作為影響訊息傳播的外部因素是沒有問題的，但影響訊息傳播的外部因素應該不止這一點。雖然在我的互動過程模式中沒有體現出這些因素，但大家應該注意到這一點。」在解釋這一問題時，德弗勒導師的心情似乎有些低落。

「關於這一點，大家在生活中應該有所體會，有哪位同學思考過傳播到自己耳邊的訊息與信源訊息出現差異的原因呢？」德弗勒導師想要透過這一問題轉移大家的關注重點。

「有些訊息最初是正確的，但以訛傳訛就變了樣。」馬鵬偉說道。

「你的意思是訊息在傳播過程中，經過各個節點時出現了損耗嗎？」德弗勒導師問道。

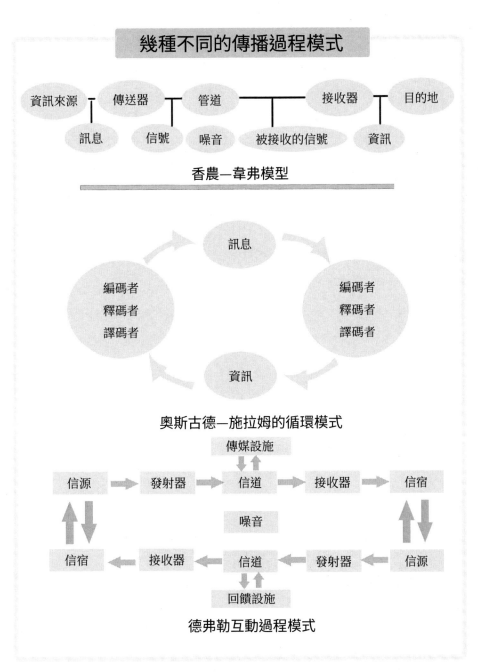

圖 8-3 幾種不同的傳播過程模式

「也不是損耗，應該是每個傳播者都對訊息進行了加工整理，到最後這個訊息就與原來的訊息不同了。」馬鵬偉解釋道。

「那還是在傳播過程中受到了外部因素的干擾，加入了其他不同的訊息，而『噪音』則屬於這些外部因素中的一種。」德弗勒導師解釋道。

「那這樣說來，您說的這種傳播過程模式只介紹了『噪音』對訊息傳播的影響，並沒有提到其他方面的外部影響因素，這是不是一個有待完善的地方呢？」李文文又刨根問底地追問道。

「如果說這種傳播過程模式存在什麼不完美的地方，你說的這一點確實是問題所在。一般來說，越是後被構建起來的傳播過程模式，其完善程度越高：一方面是可以在前人的基礎上搭建；另一方面也是因為媒介發展使傳播過程更加明顯。所以大家在學習這一方面內容時，將不同的傳播過程模式放入不同的時代考量，理解的效果會更好一些。」德弗勒導師總結道。

第九章
羅伯特・艾茲拉・帕克導師講「媒體如何影響大眾」

在本章中，羅伯特・艾茲拉・帕克導師圍繞「媒體如何影響大眾」這一論題展開了論述。從「滑臉書的樂趣」開始，帕克導師講到了「傳播是社會的中心」，以及邊緣人問題。他的理論充滿了社會性思考，為同學們提供了一種思考問題的全新角度。

羅伯特・艾茲拉・帕克

　　（Robert Ezra Park，西元 1864 年 2 月 14 日至 1944 年 2 月 7 日），美國城市社會學家，他的研究發現對美國社會學發展造成了深遠影響。其在人類生態學、社會運動、社會解組、族群關係、移民等領域的工作受到了廣泛讚譽。

　　身為芝加哥學派代表人物，其在社會學領域開啟了都市生態研究以及種族移民問題研究的先河，而在他的這些社會學研究中，也包含著豐富的傳播學思想。他的一生著述不多，《移民報刊及其控制》是他最為有名的著作，這本極具影響力的著作是關於早期美國傳播學最重要的教科書。

第一節　滑臉書的樂趣在哪裡

　　傳播學課程進入第九週，整個學期過半，盧方娜的課堂筆記已經記了整整一本，而馬鵬偉也多少對傳播學產生了一些興趣。他們發現，相比於那些更追求實際操作的學科內容，傳播學更多的是在社會現象中提煉理論，然後再用這些理論去指導社會實踐。在盧方娜看來，學習傳播學就是在逐漸了解自己的生活。

　　正當盧方娜滑臉書想要發表一下感慨時，頭髮花白的帕克導師已經悄悄出現在她的身後。看著盧方娜編輯完貼文內容，並點擊『發布』後，帕克導師一步步走向講臺。

　　「這位同學，剛剛我看你在愉快地滑臉書，你能描述一下在這一過程中你獲得了哪些樂趣嗎？」帕克導師微笑著向盧方娜提出了問題。

　　直到這時，盧方娜才察覺到自己剛剛滑手機的一舉一動都已經被帕

克導師看到了。她略顯尷尬地站了起來，短暫思考後說道：「我就是在瀏覽、按讚、分享、留言的過程中感到輕鬆有趣，我能看到別人發布的有趣消息，別人也可以接收到我發布的內容，這個分享的過程就很有趣。」

「看樣子你是個很注重體驗的女孩子啊！」帕克導師說道，「其他同學對這個問題有什麼想說的嗎？」

「滑臉書就是為了看八卦，娛樂一下，擴展擴展自己的視野。」馬鵬偉的回答引起了陣陣歡笑，同時也獲得了一些男同學的支持。

「看樣子這位同學也是蠻注重體驗的，雖然跟這位女同學追求的體驗有所不同，但你們在滑臉書這方面還是蠻般配的。」帕克導師的話引起了更多歡笑，還伴隨著一些起鬨的聲音。

「看樣子大家對滑臉書挺感興趣的，正好藉著這一點，我談談自己對傳播的一些看法。」帕克導師將話題從社群軟體引入到課程主題之中。

「在我看來，傳播是人類關係的本質，它是一個社會心理變化過程，憑藉這個過程，在某種意義或某種程度上，個人能夠假設其他人的態度和觀點，人們之間合理的和道德的秩序能夠代替單純的和本能的秩序。這一點，大家在使用社群軟體的過程中應該深有體會。」帕克導師說道。

「您是說透過社群軟體，我們與其他人產生了連繫？」盧方娜問道。

「包括你的按讚、留言、分享在內的操作，都是一種訊息交流，也就是傳播。」帕克導師說道。

「在滑動態的過程中，是別人假設我們的態度和觀點，還是我們去感知別人的態度和觀點呢？」李文文從另一個角度提出了問題。

「我認為這兩點並不矛盾。傳播本就是人類社會相互影響的基本方式，在發布貼文時，我們會去考慮觀看者的態度，而在滑社群軟體時，我

們也能感知到發文人的態度。這其實涉及了大眾媒介功能的內容。」帕克導師解釋道。

「作為社會系統的一部分，大眾媒介在社會中必須要履行一系列功能，從而保障社會的正常運行。在很多時候，大眾媒介履行的功能對於社會系統來說是不可或缺，也不可替代的。我認為這些功能主要表現在兩個方面，即參考與表達。社群軟體作為一種大眾媒介，其為大家提供的正是參考與表達的功能。」帕克導師說道。

「『表達』功能是表達我們的情感和思考，這一點並不難理解。『參考』功能主要是指什麼呢？」盧方娜問道。

「大眾媒介的『表達』功能是透過姿態和其他表達性行為來傳播感情，而『參考』功能則是透過符號來傳播信念。相比於『表達』功能，我更偏愛『參考』功能。」帕克導師指出。

「但事實上，從當前的社群生態來看，想要發揮大眾媒介的『參考』功能似乎並不現實，因為大家很難判斷社群中的內容到底是真是假。而相反，在網路上，『表達』功能大行其道，幾乎侵占了『參考』功能的生存空間，每個人都在自由表達，但這種表達在我看來意義並沒有那麼大。」帕克導師繼續說道（如圖9-1所示）。

「為什麼自由表達不重要呢？不表達怎麼交流呢？」盧方娜反問道。

「在沒有確保訊息真實可靠的情況下進行表達，完全發揮不了參考的作用。當前新聞行業為了增加內容的趣味性，開始大量使用娛樂性和通俗性語言，這也損害了新聞的『參考』功能。我很清楚這是商業發展上的必然選擇，但在價值觀層面，我不認同這種做法。

如果一個大眾媒介成為一種八卦分享、產品宣傳的平臺，那其『參考』功能也就無從談起了。」帕克導師略顯失落地總結道。

圖 9-1 大眾媒介的表達和參考功能

第二節　傳播是社會的中心

　　「『社會不僅是由於傳遞、傳播而得以存在，而且還應該說是在傳遞、傳播之中存在著。』前面這段話出自我的老師杜威先生，我很認同他的觀點。在我看來，社會傳統的傳承也需要依靠傳播，而傳播的功能正是在時間和空間兩個維度上保持社會群體的一致和完整。」帕克導師無縫銜接了上一節課的內容。

「傳播活動與人類生存發展密切相關，人類所有的社會活動都建立在傳播之上。」帕克導師一再強調自己的傳播理論（如圖 9-2 所示）。

傳播學家語錄：
傳播活動與人類生存發展息息相關，人類所有的社會活動都建立在傳播之上。

兩者圖 9-2 傳播是社會的中心

馬鵬偉對這種表述絕對的結論總是存在疑問，他認為帕克導師提到的「傳播是社會中心」這個理論是過於武斷的，但思來想去卻找不到哪個案例可以推翻這一論斷。

傳播對社會發展具有重要推動作用這是毋庸置疑的，但您所說的『傳播是社會的中心』這一論斷是不是過於片面了呢？社會不是一個複雜的系統嗎？」顯然，盧方娜與馬鵬偉的疑問是相同的。

「社會確實是一個複雜的系統，它是一個由各種形式或過程構成的複合體，其中的每一個體都是在與別人的『互動』中存在和成長起來的。整個社會連繫得非常緊密，其中一部分發生的事情，也會影響到其他所有部分。你們覺得這裡的『互動』主要是指什麼呢？」在解釋了社會的複雜性後，帕克導師問道。

「是相互間的交流嗎？」從語氣中可以聽出，盧方娜對自己的回答並

沒有多少信心。

「對抗也應該算是一種『互動』。」林凱補充道。

「『互動』的形式有很多種，我曾研究了競爭、衝突、偵錯和同化這四種人類互動的基本類型，發現它們既有相對的獨立性，又可以同時存在於社會之中，彼此間還有演進的關係。（如圖9-3所示）

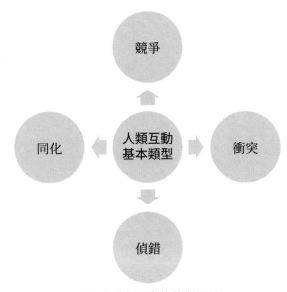

圖 9-3 人類互動的基本類型

在一個社會系統中，如果資源有限，那系統中的各個單元就會為了獲得稀少資源進行競爭，這是社會相互作用的最低級階段，是一種沒有接觸的相互作用；存在競爭性的雙方會有意識地確認目標，彼此存在連繫的各單元之間則會因為資源爭奪而產生各式各樣的衝突；在衝突停止之後，權力和地位重新分配，雖然衝突仍然存在，但不再以公開形式出現，新的社會結構由此確立；在新的社會結構中，個人和團隊彼此分享經驗，文化要素的交流與共享導致一種共同文化的產生。在上面的四種人類互動類型中，大家發現有哪些共同的內容嗎？」帕克導師問道。

「我只看到了演進過程，沒看到相同的地方。」馬鵬偉回答道。

「這些『互動』之間確實存在演進關係，這一點我在前面已經提到了，這不是重點。」帕克導師強調道。

「這些人類的基本互動類型都與傳播有著一定的關係。」李文文的回答似乎切中了要點。

「沒錯，這位同學分析得很對。這些人類基本互動類型的共同特點就是它們都是透過傳播來實現的，正是傳播讓處於離散狀態的人類結成群體、社區，讓這個世界變得越來越統一。」帕克導師強調道。

「那如果沒有傳播，人類會處於怎樣一種狀態之中呢？」帕克導師問道。

「每個人是孤立的個體，即使兩個人相向而立，一個人相對於另一個人就如空氣一樣。」李文文說道。

「那社會也就不存在了。」馬鵬偉說道。

「如果沒有傳播存在，人就只能處在一種『生理的和本能的』生存狀態，也就是自己生存的同時，也成為別人生存的環境。在這樣的環境中，競爭就成了互動的唯一手段。

競爭是一種個人化的法則，而傳播則是社會化的法則。雖然在一定程度上傳播能夠加劇競爭，但從更為長遠的視角來看，傳播將會不斷修正競爭，並讓社會關係更為人性化，由此道德的秩序便會形成。」帕克導師解釋道。

「當前世界的全球化進程是否就是傳播造成了深層次的作用呢？」盧方娜問道。

「全球化是一個複雜的概念，在整個過程中，很多因素都在發生作用。但不可否認的是，傳播確實在其中發揮了作用，而且很明顯 —— 短期的傳播造成了競爭的出現，深刻而長遠的傳播將會帶來共同的文化。」

帕克導師解釋道。

「在本節課中，我希望大家記住的只有一點，那就是傳播在社會中的角色 —— 它是社會的中心，作為這樣一種整體的傳播，它使社會走向聯合、一致與穩定。」帕克導師總結道。

第三節 「邊緣人」與移民同化問題

「在職業生涯的後半期，我進行了一系列調查研究，這些研究讓我對社會產生了更為深刻的認知。在研究移民問題的時候，我發現了一些很有價值的內容。

當時，在我工作的城市芝加哥，大量移民導致了社會『邊緣人』的出現，如何讓這些移民儘快融入美國社會，如何減少移民社區的社會問題，成為我關注的焦點和工作的重心。」帕克導師介紹道。

「什麼是社會『邊緣人』？這個概念與現在的城市流浪者有什麼關聯嗎？」盧方娜問道。

「是不是沒有當地戶口就算是城市『邊緣人』了？」馬鵬偉也應和道。

「『邊緣人』這個概念是我在一篇文章中提出的，在講解這個概念之前，我覺得有必要為大家介紹一下齊美爾老師的『陌生人』概念，我在構思『邊緣人』這個概念時，就是受到了他的影響。」帕克導師說道。

「齊美爾老師在論述『陌生人』這個概念時，曾指出這個『陌生人』不是此前常常接觸的『外來人』，也就是說不是指那些今天來了明天又走了的流浪者。他所說的『陌生人』是指今天來了，明天會留下來的漫遊者，也可以稱他們是『潛在的流浪者』。」帕克導師解釋道。

「那城市的流浪者就是『陌生人』吧！」馬鵬偉搶答道。

「那要看他們是去是留，是在這裡留下來，還是從這裡匆匆路過。這些『陌生人』與本地人最主要的不同在於他們具有空間流動性，雖然身處本地人群之中，但卻並不屬於本地人群。」帕克導師指出。

「我覺得這個『陌生人』用來形容現在去大城市闖蕩的人要更貼切一些。」李文文淡定地說道。

「關於這一點，齊美爾老師曾經做過一個形象的比喻，他認為天狼星的居民對我們來說並非真正陌生，因為他們根本不是為了我們地球人而存在的，所以他們處於遠與近之外，沒有遠近之分，也就無所謂遠近。」帕克導師說道。

「這樣比喻起來感覺更抽象，更不容易理解了。」李文文指出。

「我認為你提到『城市飄客』很準確，但大家要記住『陌生人』這個概念既是一個社會事實概念，同時也是一種心理事實概念，而我所說的『邊緣人』概念，則是一種新的人格類型。」帕克導師強調道。

「『邊緣人』是文化混血兒，他們生活在兩種不同的人群中，並親密地分享彼此的文化生活和傳統。他們不願和過去以及傳統決裂，但由於種族的偏見，又不被他所融入的新的社會完全接受，他們站在兩種文化、兩種社會的邊緣，而這兩種文化從未完全互相滲入或緊密交融。」帕克導師指出（如圖 9-4 所示）。

「這種『邊緣人』不是左右不討好嗎？」馬鵬偉說道。

「這種邊緣性確實是一種負擔，但它同時也是一種財富。相對於『邊緣人』的文化背景，他們會成為眼界更加開闊、頭腦更加聰明，具有更加公正和更有理性觀點的個人。相對來說，他們應該是更為文明的人類。

圖 9-4 「陌生人」與「邊緣人」

　　在『邊緣人』的思想中，由新文化的接觸而產生的道德混亂以最顯著的形式表現出來。也正是在『邊緣人』的內心 —— 那裡正在發生文化的變遷和融合 —— 我們可以借此來更好地研究文明和進步的過程。」帕克導師強調道。

「這種『邊緣人』只是存在於移民群體之中嗎？」林凱問道。

「留學生裡面也有啊。」在帕克導師回答之前，馬鵬偉搶先答道。

「感覺那些外交家或出國經商的人中，也會出現『邊緣人』，接觸到兩種文化的人都有可能成為『邊緣人』吧。」盧方娜說道。

「如果仔細思考，你們這個時代，在很多群體中都存在著『邊緣人』。」帕克導師說道。

「我之所以投身『邊緣人』問題研究，主要是從當時美國社會發展的現實需要出發的。當時來美國的大量移民多為農民，他們習慣了那種慢節奏的平靜生活，來到美國這個人際關係疏遠、缺少傳統、人口流動快的城市後，只得拋棄自己原有的習慣。在那個年代，這些人都是美國土地上的『陌生人』，他們也只能生活在自己的圈子裡。」帕克導師指出。

「如何能夠讓這些移民更好地融入美國文化圈中，是我研究的重點。在我看來，移民報刊宣傳是一種較為不錯的選擇，報刊對移民文化傳承和社會融入將會產生重大影響，美國新聞業要想辦法將移民及其後代變成當地報刊讀者。

報刊傳播一方面有助於文化的散播，擴大文化的影響範圍，另一方面則可以促進新觀點更好地被更多人理解。傳播的社會功能看起來即是促成並維持個人與社會之間的理解與文化團結，顯然移民對報刊傳播的這種功能是更為需要的。」帕克導師說道。

「您的意思是用傳播工具來培養移民的忠誠嗎？」李文文問道。

「我覺得更多的是營造公共輿論，不能剝奪移民原有的文化習慣，但同時也要讓他們接受當地的文化習慣，否則這些人依然會成為『邊緣人』，這對一個社會的發展是沒有益處的。」帕克導師強調道。

　　「而對於你們來說，面對你們身邊的『邊緣人』，你是希望將他拉得與自己更近一些，還是讓他仍然停留在邊緣，或是將他推到另一邊呢？我覺得大家在做一些決定或採取一些行動之前，可以仔細考慮一下這個問題。」在課程最後，帕克導師語重心長地說道。

第九章　羅伯特・艾茲拉・帕克導師講「媒體如何影響大眾」

第十章
丹尼斯‧麥奎爾導師講「受眾分析」

在本章中，丹尼斯‧麥奎爾導師為同學們講述了「受眾分析」的相關內容。圍繞受眾，麥奎爾導師講到了很多有趣的問題，比如：什麼樣的受眾才是好受眾？給好評為什麼要返現？媒體和受眾，哪一方更無力？同學們在傾聽麥奎爾導師解釋這些問題的同時，也對受眾分析產生了更清晰的認知。

丹尼斯・麥奎爾

（Denis McQuail，1935 年 4 月 12 日至 2017 年 6 月 25 日），英國著名傳播學家，荷蘭阿姆斯特丹大學傳播學終身教授，歐洲傳媒研究小組成員，畢業於牛津大學，曾先後在美國賓夕法尼亞大學、哥倫比亞大學、哈佛大學等擔任教授或客座教授。

麥奎爾在傳播學領域最大的學術貢獻是傳播模式和受眾研究，對定量研究和定性研究持兼容並包態度的他在傳播學領域擁有漫長而輝煌的研究經歷。其所出版的十多部著作涉及傳播學研究的諸多領域，其中的《大眾傳播模式論》、《受眾分析》和《大眾傳播理論》還被翻譯成中文，成為傳播學研究的經典文獻。

第一節　受眾都有誰

對於大多數同學來說，上一週的課程有些像「嚼不爛的柴雞肉」，理解起來並不容易。但這絲毫沒有影響到同學們的學習熱情，新的一週傳播學課堂又是人滿為患。

「很高興大家來聽我的課。」滿頭白髮，眼鏡下滑到鼻樑上，兩頰胖嘟嘟的麥奎爾導師說道。

「在本週的課程中，我就來與大家講一講你們的故事。」在說到「你們」這個詞時，麥奎爾導師特意加重了語氣。

雖然只說了兩句話，但足以吊起同學們的胃口。「我們的故事？難道這個老頭要對我們進行心理分析？」馬鵬偉心中的疑問已經如漣漪般擴散。

「我們有什麼故事好講呢？」盧方娜問道。

「你們的身分就是我要分析的內容。」麥奎爾導師解釋道。

「我們的身分？」盧方娜看上去更加疑惑了。

「沒錯，我們本週要講的主要內容就是當前你們的一種身分 —— 受眾。在第一節課中，我們先來了解一下『受眾』這個概念。」麥奎爾導師介紹道。

「從大眾傳播研究者們最初提出傳播過程的單線模式之初，『受眾』這個詞就被認為接受者而被大家所熟知。但在這裡，『受眾』這個詞被簡單認為是一個或另一個媒介管道，這一類或那一類媒介內容，表演的讀者、聽眾或觀眾，我覺得不夠全面。」麥奎爾導師指出。

「那除了這些受眾，還有哪些受眾呢？」盧方娜再次問道。

「對於大眾傳媒來說，受眾很多時候是看不見也摸不到的。它是一個抽象的概念，其所指代的現實事物，通常也是多種多樣、不斷變化的。」麥奎爾導師解釋道。

「我們要怎麼理解受眾是多種多樣、不斷變化的這一問題呢？」齊悅問道。

「比如說，『受眾』這個詞既可以用來指 18 世紀初的小說讀者，也可以用來指 20 世紀末的電視觀眾，當然還可以用來指現在 21 世紀看廣告的你們。」麥奎爾導師舉例說道。

「我認為，『受眾』既是社會環境的產物，也是特定媒介供應模式的產物。最早的受眾是那些在古希臘、古羅馬時代，觀看表演和競技的人們；伴隨著印刷技術的發展，閱讀大眾開始出現；而當廣播電視出現後，傳播的影響開始大為擴展，共時分享的受眾也變得越來越多。」麥奎爾導師繼續說道。

「在這裡我想讓大家思考一下，坐在電影院中看電影的你們與在古希臘、古羅馬觀看類似演出的受眾有哪些相同和不同之處？」麥奎爾導師問道。

「都是一群人在看一群人。」馬鵬偉說道。

「你的回答雖然簡略，但確實是正確的。」麥奎爾導師肯定道。

「我們應該都是出於個人意願去觀看的。」李依琳說道。

「這一回答也沒問題，有沒有發現有不同之處的同學？」麥奎爾導師繼續問道。

「他們看的是直播表演，我們看的是錄影播放。」馬鵬偉回答道。

「這一點也沒錯。此外，他們能夠透過吶喊和咒罵及時進行反饋，而你們只能事後去。」麥奎爾導師指出。

「在劃分受眾類別時，有的傳播學者按照受眾的規模將受眾分為三個層次：第一個層次是指特定國家或地區能夠接觸到傳媒訊息的總人口；第二個層次是對特定傳媒或特定訊息內容保持定期接觸的人；第三個層次則是不但接觸了媒介的內容，並且在態度或行動上也接受了媒介影響的人。

第一個層次的受眾規模最大，第二個層次次之，第三個層次最小。」麥奎爾導師說道。

「如果以電視這個媒介來說，第一個層次的受眾就是所有能看到電視的受眾；第二個層次就是經常且穩定收看電視的受眾；而第三個層次的受眾則是能看到電視，並且深受其影響的人。可以這樣理解這三個層次的受眾嗎？」李文文問道。

「可以，完全可以，你分析得很好。如果想要追求最大限度的傳播效果，那找準第三個層次的受眾無疑是非常必要的。」麥奎爾導師說道。

「對於我來說，你們就是我的受眾，所有課堂中的同學們都是第一層次中的受眾，現在我想要讓我講的內容被更多同學接受，我就需要找到課堂中第三層次中的受眾，然後用他們喜歡的方法去講課，這樣一來，我的傳播效果就會明顯提高。

在這個過程中，我需要做的就是受眾研究。所有的受眾研究都具有一些基本相同的特徵，這有助於人們去構建、定位和確定『受眾』這種無定形的、不可知的社會存在。」麥奎爾導師強調道（如圖 10-1 所示）。

圖 10-1 三種不同層次的受眾

「那麼具體來說，受眾研究到底為了做什麼呢？」盧方娜問道。

「在我看來，如果不去談理論構建的目的，單從受眾分析的目的來談，我覺得受眾研究的目的可以分為以下幾種類型：

- 說明銷售情況。
- 為實現廣告目的而測量實際與潛在受眾到達率。
- 操縱和引導受眾的選擇行為。
- 在受眾市場尋覓機會。
- 檢驗產品和提高傳播的有效性。
- 為受眾服務。
- 評估媒介績效。

不同的大眾媒介從業者進行受眾分析的目的也會有所不同」對於廣告行業從業者來說，透過受眾分析了解受眾訊息，然後投其所好完成廣告傳播，這是他們的目的；而對於新聞行業從業者來說，透過受眾分析了解受眾需求，站在受眾身邊，反映受眾心聲，這應該是他們的目的。」麥奎爾導師說道。

「新聞不是也要追求收視率的嗎？」林凱問道。

「關於你這個問題，我不知道該如何回答，新聞究竟該追求什麼？這個問題還需要你們慢慢去探尋。」麥奎爾導師平靜地說道。

第二節　積極主動的才是好受眾

「上一節課，我們介紹了受眾的一些基本概念。在開始新的課程內容之前，我有一個問題想要問一問大家。」麥奎爾導師說道，「當大家要勸服一個頑固的人時，如果他不聽，大家要怎麼去做？」

　　麥奎爾導師的問題似乎和「傳播與說服」課程有一定的關係，但為什麼勸說的一定要是一個頑固的人呢，這讓在場的同學們大為不解。

　　「如果一種方法勸說不行，那就從別的角度換另一種方法。」盧方娜回答道。

　　「如果另一個角度也不行呢？」麥奎爾導師繼續問道。

　　「那就再換一個角度。」盧方娜繼續答道。

　　「角度換了360度都不行呢？」麥奎爾導師找碴式地問道。

　　「那就不勸了！怎麼勸都不聽，為什麼還要勸他。」馬鵬偉搶著答道。

　　「好，很好，『不勸了』確實是一種選擇。但如果你是一個賣衣服的商人，對方是一位挑選衣服的顧客，如果不勸了，賺錢的機會不就跑了嗎？」麥奎爾導師繼續假設道。

　　「那如果他就是不買，我也不能跪著求他買啊。難道他走了，我還拽著他的褲腿哭喊著『大哥！大爺！別走，買吧！』不讓他走嗎？」馬鵬偉描述得唯妙唯肖，逗得在場的同學們哈哈大笑，麥奎爾導師也控制不住笑得前仰後合。

　　「哈哈哈哈，這位同學真是幽默，我看你還是別勸了，你要這樣勸的話，人家說不準真要看在你可憐的份上，買你幾件衣服。」麥奎爾導師的話再度引得同學們爆笑。

　　「那這個人到底還勸不勸呢？」盧方娜笑著問道。

　　「不勸了，不勸了。在有限效果理論中，這類人被稱作『頑固的受眾』。其主要是指那些並不總是有選擇地注意，但常常有選擇地去認知，並且對不需要的訊息加以抵制的人。」麥奎爾導師指出。

「您的意思是說，那些無論我們怎麼介紹，都不買我們的商品的人，就是『頑固的受眾』嗎？」盧方娜問道。

「可以這麼理解。」麥奎爾導師回應道。

「這與拉扎斯菲爾德導師在伊利調查中發現的結論是一樣的嗎？大眾媒介沒辦法隨心所欲地操縱和支配受眾。」李文文問道。

「這種觀點確實存在，但本節課我們想要講述的內容主要是關於受眾主動性和選擇性的問題。傳播學者對受眾選擇性的研究，主要是出於對大眾媒介效果的恐懼。大家應該已經學過『魔彈理論』的內容了，如果這一傳播理論在生活中成為現實，大家想過會發生什麼事嗎？」麥奎爾導師問道。

「如果傳播媒介能夠隨時隨地影響受眾的觀點和態度，那受眾就跟木偶沒什麼兩樣了。」齊悅說道。

「如果這樣的話，那只要將大眾媒介掌握在手中，就能控制所有人的思想，這要比什麼權力都好用得多。」馬鵬偉說道。

「如果這一理論成真的話，那受眾就太被動了。」盧方娜說道。

「確實，如果這種理論成真，那受眾就會處於被動狀態，無法去做出選擇，並失去主觀能動性。」麥奎爾導師說道。

「事實上，理論界早已明確了一種範式，將受眾的被動性認為是一種危害，而將受眾主動去使用媒介認為是一件好事。但究竟大眾媒介受眾的主動性有多少，這種主動性又意味著什麼，這類問題始終沒有得到解決。」麥奎爾導師說道。

「如果受眾都有較多的主動性，那想要利用大眾媒介去教育受眾不是行不通了嗎？」盧方娜問道。

「我不確定你說的這個『教育』具體是指什麼，在我看來，如果受眾有太多的主動性，就會為那些想要透過節目來操縱，或利用慣有特質和媒介使用惰性等方式控制受眾的人帶來不小的麻煩。關於受眾主動性的不同意義和概念，傳播學家 Biocca 曾提到了五種不同的版本。」麥奎爾導師說道（如圖 10-2 所示）。

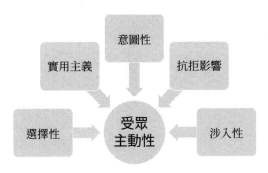

圖 10-2 受眾主動性的不同意義

「第一種版本是『選擇性』，這種觀點認為傳播媒介和傳播內容中所能運用的選擇和類型越多，那就越可以說受眾是主動的。

第二種版本是『實用主義』，受眾在這裡是『自利式消費者的化身』，媒介消費多少意味著某些有意識的需求滿足。

第三種版本是『意圖性』，這種觀點認為一個主動的受眾，必須涉入資訊和經驗獲取的積極認知過程。

第四種版本是『抗拒影響』，這種觀點強調受眾對於非意願的影響或學習的限制。受眾保留了『控制』和不受影響的權利。

第五種版本是『涉入性』，某一受眾越是被所使用的媒介吸引，他的涉入程度就越高。其受到的媒介刺激越大，其使用媒介的動力也就越強。」

麥奎爾導師一連介紹了五種不同版本的「受眾主動性」內容，但這些版本對這一概念的描述似乎並不清晰。

　　「到底哪種版本的論述更有道理呢？」林凱問道。

　　「這些對『受眾』主動性概念的表述，並不都是一一對應於人們接觸媒介順序中的各個時間點。而且這些表述中，可能還忽略了受眾主動使用媒介的一些其他方面內容。」麥奎爾導師解釋道。

　　「是說受眾對媒介的反饋部分嗎？」李文文似乎並不確定自己的答案，但她依然說了出來。

　　「沒錯！一些受眾會透過信件和電話的方式直接向媒介做出反饋，對你們而言就是發留言什麼的，這些難道沒有反映受眾的主動性嗎？很顯然，這些都是說明受眾主動性的例子。」麥奎爾導師舉例說道。

　　「那我們究竟該如何理解『受眾主動性』這個概念，又該如何理解您在標題中說的『積極主動的才是好受眾』這個觀點呢？」盧方娜問道。

　　「關於『受眾主動性』這個概念，我認為這並不是一個讓人滿意的概念。正如上面幾種版本的解釋，各項內容彼此交叉且意義模糊，對不同的媒介又意味著不同的事物。如果按照定義來說，受眾幾乎不可能是主動的。

　　作為一般概念，其還存在些許不足，但在一些理論研究和實踐中，『受眾主動性』卻得到了一些有說服力的證據的支持。當然，在現在看來，『受眾主動性』似乎已經得到了更為廣泛的認知。

　　至於你說的『積極主動的才是好受眾』，這並不是我的理論，是安排課程的人自己擬定的標題，可能是為了吸引受眾吧。在我看來，對於廣告主來說，那些積極主動去接受廣告宣傳的受眾，自然是算得上好受眾的。」麥奎爾導師解釋道。

第三節　好評為什麼要返現

「在前面的內容中，我們介紹了受眾的概念，並提到受眾的形成常常基於個體需求、興趣和品位的相似性。關於個體需求，大家覺得主要包括哪些方面的內容？」剛一開講，麥奎爾導師就拋給同學們一個問題。

「學習更多的知識應該是一種需求。」林凱率先回答道。

「放鬆、休閒、玩。」馬鵬偉回答道。

「很好，很好。根據這兩位同學提供的這些粗略動機，我們通常可以對各種媒介和媒介內容的受眾進行分類。同時還可以用來研究大眾媒體的具體功用。」麥奎爾導師說道。

「您這次的課程也是『標題黨』嗎？」盧方娜一臉認真地問道。

「『標題黨』？你這個帽子扣得可有點大了。這節課的標題正是我現在要提出的問題，在座的各位你們知道為什麼好評會有返現嗎？」麥奎爾導師問道。

「商家為了用好評累積口碑，吸引更多的人購買產品。」盧方娜直截了當地回答。

「從傳播學的角度來看呢？」麥奎爾導師繼續問道。

「傳播學？受眾反饋嗎？」盧方娜並不確信自己的答案。

「這裡的好評應該與電視收視率或好評度一樣，之所以要對給好評的受眾返現，目的就是獲得更高的好評度。大多數選擇在購物平臺上購物的人最主要的個體需求就是買到物美價廉的商品，他們會將好評度看作自己做決定的參考。所以好評返現應該是一種注重受眾反饋、迎合受眾需求的舉動。」李文文給出了教科書一般的回答。

「回答得很好，甚至把我在這個問題上要說的內容都說了，好評返現

的意義就在於此。上面你提到了電視的收視率和好評度，那我就順著這個思路來為大家講一講『使用與滿足研究』。」麥奎爾導師說道。

「這一類研究最早開始於 1940 年代，主要研究各種廣播節目具有廣泛吸引力的原因，其中尤其對『肥皂劇』和知識競賽類節目，以及閱讀報紙的情況進行了分析。對於『肥皂劇』大家有什麼看法嗎？」麥奎爾導師問道。

「內容比較淺，而且多是家長裡短，沒什麼意義，消磨消磨時間還是可以的。」馬鵬偉說道。

「有的劇還是挺感人的，可以從其中看到生活中的喜怒哀樂。」盧方娜說道。

「如第一位同學所說，對於大多數人來說，『肥皂劇』確實沒什麼吸引力，但對於一些觀眾，尤其是婦女來說，其還是很有意義的。」麥奎爾導師說道。

「到了 1960、70 年代，『使用與滿足研究』進入新的階段。一些傳播學者將受眾選擇媒介的過程描述為：產生需求的社會和心理起源；產生需求；因需求而產生期望；對大眾媒介或其他訊息源的期望，導致不同媒介暴露，進而需求得到滿足或其他結果發生。」麥奎爾導師解釋道。

「這一理論是說受眾是有著特定需求的個人，而他們接觸媒介的活動，是為了滿足自身特定需求的過程，對嗎？」李文文問道。

「沒錯，確實如此。」麥奎爾導師答道。

「這種媒介需求是怎樣產生的呢？」李文文繼續問道。

「人們接觸媒介的目的是滿足自身的特定需求，這些特定需求具有一定的社會和心理起源，你可以從消遣、人際關係、個人認同和監視這幾方面去認識它們。

在產生特定需求後，人們想要與媒介發生實際接觸還需要滿足兩個條件：一是媒介接觸的可能性，也就是說人們身邊一定要有媒介；二是身邊的媒介是否能夠滿足自己特定需求的評價。」麥奎爾導師解釋道。

「人們要如何判斷身邊的媒介能否滿足自己的特定需求呢？」李文文追問道。

「評價的標準往往來自於人們此前的媒介接觸經驗，人們會根據自身對媒介的印象去選擇特定的媒介或具體的內容，媒介接觸由此開始，而媒介接觸結果有兩種。」麥奎爾導師說道。

「特定需求得到了滿足和特定需求沒有得到滿足。」李文文搶答道。

「沒錯。媒介接觸的結果會影響人們以後的媒介選擇和媒介印象。如果特定需求透過媒介接觸得到滿足，那人們就會強化對媒介的正向印象；而如果特定需求沒有透過媒介接觸得到滿足，那人們便會修正對媒介的印象，從而在不同程度上改變對媒介的期待。」麥奎爾導師解釋道（如圖10-3 所示）。

傳播學家語錄：
當特定需求透過媒體接觸得以滿足，人們便會強化對媒介的正向印象。反之，人們則會修正對媒介的印象，改變對媒介的期待。

圖 10-3 大眾特定需求的滿足

「商家的這種透過返現方式獲取好評的方法，是否就是為了提高受眾的媒介期待和媒介印象呢？」林凱問道。

「當然，我要講的就是這個。」麥奎爾導師以為同學們早就理解了這一點，所以對於林凱的提問感到有些詫異。

「這不就說明受眾具有主動性了嘛！」馬鵬偉大聲說道。

「沒錯，這一理論確實指出了受眾的一些主動性，但仔細來看，這種主動性其實是受到限制的。在這一過程中，受眾的主動性僅限於對媒介提供的內容進行有選擇的接觸，而不能看出受眾作為傳播主體的主動性。」麥奎爾導師指出。

「在我看來，這一理論雖然在傳播學中算得上是一種『萬能理論』，但它有些過分強調個人和心理因素，導致行為主義與功能主義色彩過於強烈。而且，脫離媒介內容的生產和傳播過程，單純去談受眾的媒介接觸行為，得出的結論也可能是片面的。」麥奎爾導師強調。

「為什麼說這一理論是『萬能理論』呢？」盧方娜問道。

「呃，這一點要怎麼說呢，在描述傳播現象時，用這個理論解釋基本上都可以得分。」麥奎爾導師笑著說道。

「最後我有一個問題要大家思考。假設現在我有一個『想看一部喜劇』的特定需求，回到家，打開電視後，找了很多節目都沒有喜歡的喜劇，找著找著我就在沙發上睡著了，那從『使用與滿足』理論的角度來說，我『滿足』了嗎？」麥奎爾導師留下了一個邏輯問題，但他沒有給出回答，也沒有讓同學來回答。

第四節　受眾更有力還是媒介更無力

「今天的課程我想要用辯論賽的形式開展，辯論的題目是『在新媒體時代，是受眾更有力量，還是媒介更有力量』，大家可以自選觀點答辯。我在大家闡述完自己的論據後，會隨機進行點評或補充。現在大家有五分鐘時間來選擇觀點，並思考自己該如何論述。」

麥奎爾導師似乎想進行一個創新式教學，但究竟具體效果如何，可能連他自己也不清楚。而且關於今天這個辯題，是否值得辯論，也存在一定的爭議。這一點從後面的辯論環節看得可能會更為清楚。

「好，時間到。現在，請支持受眾更有力量的同學發言。」麥奎爾導師號召道。

經歷了短暫的安靜後，齊悅率先站了起來，說道：「我認為在新媒體時代，受眾要更有力量，現在好多的電影電視劇都會找受眾喜歡的明星去演，明星粉絲越多，明星身價也就越高，這都是粉絲的功勞。」

「觀點算是清晰，但後面再說可能要跑題了。」麥奎爾導師點評道。

「現在，請支持媒介更有力量的同學發言。」麥奎爾導師繼續號召道。

「我認為當今時代應該是媒介更有力量，不說那些官方主流媒體，單是一些娛樂媒體的消息，就能對受眾造成不小的影響。所以從這個角度來講，媒介依然在傳播中處於支配地位。」李文文說道。

「你提到的媒介對受眾的影響確實存在，但媒介處於支配地位這一結論是怎麼得來的？有什麼具體依據嗎？」麥奎爾導師繼續點評道。

「老師，你這麼問我們還怎麼辯論啊，最後都成了跟你辯論了。」馬鵬偉起身說道。

「哦，是這樣啊，那好吧，那我不中立了，我就暫且加入支持受眾的隊伍吧。」麥奎爾導師說完後，課堂中爆發出此起彼伏的掌聲，看樣子支持受眾一方的確實占多數。

「那接下來該支持受眾的同學發言了。」麥奎爾導師繼續主持。

「當前受眾的分化已經非常明顯，對於那些大眾媒介來說，想要繼續抓住大批受眾，並對他們施加影響，已經成為很困難的事情。想要確保與此前時代同樣的影響力，大眾媒介只能縮小受眾範圍去影響目標受眾。但由於現在的媒介管道太多了，所以想要吸引目標受眾的目光也是非常困難的。」盧方娜給出了行雲流水般的陳述。

「我支持你的觀點。」麥奎爾導師笑著說道。

「你所說的是媒介影響的受眾規模變小了，但這與媒介對人們的影響程度又有什麼關係呢？」林凱站起來反擊盧方娜的觀點。

麥奎爾導師想要進行點評，卻被盧方娜搶先一步：「我所說的這些，正是指向『媒介影響受眾的可能性降低』這一問題。當前時代的受眾並不會花費太多時間太多熱情與媒介建立連繫。實際上，連繫媒介和受眾的紐帶已經不復存在，這就意味著媒介對受眾信念和信仰的影響力更低了。」（如圖 10-4 所示）

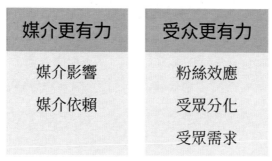

媒介更有力	受眾更有力
媒介影響	粉絲效應
媒介依賴	受眾分化
	受眾需求

圖 10-4 媒介更有力還是受眾更有力

「說得好！」麥奎爾導師依然笑著說道。

「那為什麼電視上傳來地震、海嘯的消息，很多人看了之後都去屯吃的呢？」林凱反問道。

「電視告訴他們要囤吃的了？」沒等盧方娜起身，一個矮胖姑娘站起來問道。

「沒有。」林凱答道。

「那廢什麼話。」矮胖姑娘不屑地說道。

矮胖姑娘的話引得大家哈哈大笑，林凱經此一役後士氣大衰，估計在後面不會再聽到他的回答了。

「客氣些，客氣些，論述要有理有據有節。」麥奎爾導師雖然說得一本正經，但自己卻也跟著哈哈大笑。

「那要怎麼解釋媒介依賴呢？社群上每天都有上百萬人滑滑滑，通訊軟體更是有過之而無不及，還有其他的媒介，如果這些媒介沒有力量，又怎能將受眾牢牢抓在自己手中呢？」馬鵬偉拋出了一顆重型炸彈，瞬間將一邊倒的局面扭轉過來。

「這個論述也很好。」麥奎爾導師繼續笑著點評。

「上一節課你沒聽講嗎？這種情況是因為『使用與滿足』啊，受眾有特定需求，找到了這些媒介來滿足自己的需求，這是受眾在發揮能動性啊。」盧方娜盯著馬鵬偉回應道。

「你是聽得太認真了吧，不知道怎麼回答了就用這種『萬能理論』來應對嗎？」馬鵬偉針鋒相對地說。

「受眾滑社群不是為了滿足需求是為了什麼？這就跟你玩手機遊戲是為了滿足需求一樣。難道你是為了儲值嗎？」盧方娜顯然有些著急了，但言語間的邏輯還是頗為清晰的。

馬鵬偉被盧方娜的回應「噎住了」，一時不知道如何應答。看樣子，在後面的論述中，可能也聽不到他的發言了。

「我覺得這個問題應該分開來談。在當今時代，一些傳統媒介對受眾的控制力是減弱了，比如電視、報紙，現在的受眾確實少了很多。但對於那些新興媒介，比如上面說的社群、通訊軟體，現在對受眾的影響依然很大。如果單談這個時代，那就應該談談這個時代的媒介，而不能從整體上談。」李文文積蓄已久，終於找到了發言的機會。

「大家說得都很不錯，下面就由我來進行總結吧。」笑了整場的麥奎爾導師終於在最後時刻打算進行總結發言了。

「這個問題我們還是要從整體上來說的。當前受眾分化和分散確實在一定程度上表現出媒介控制喪失的困境，對於大多數媒介來說，這應該是讓它們頗為頭疼的事情。顯然，在當今時代，受眾從控制和監測機構的監控下『逃逸』了，從這一點看，受眾確實在抵抗媒介力量方面向前邁進了一步。

但不可否認的是，媒介始終在尋找掌握受眾的方法，不同的時代會出現不同的方法。這便導致了受眾的分化和分散始終保持在有限範圍內，但到最後究竟是受眾更有力，媒介變得越來越無力，還是媒介依然強大而有力，只能由你們來見證了。」說完，麥奎爾導師結束了自己的課程。

第十一章
加布里埃爾·塔爾德導師講「大眾、群眾、輿論」

在本章中，加布里埃爾·塔爾德導師主要講述了大眾、群眾、輿論等內容。針對群眾、大眾、輿論、信念等問題，塔爾德導師給出了一些頗具代表性的觀點。在此之外，塔爾德導師還對現代的「網路劇」、「菁英」等話題，展開了精彩論述。

加布里埃爾‧塔爾德

　　（Gabriel Tarde，西元 1843 年 3 月 12 日至 1904 年 5 月 13 日），法國社會學三大創始人之一，西方社會著名的心理學家、統計學家和犯罪學家，其學術研究領域橫跨社會學、心理學、統計學、犯罪學和傳播學。幼年時期的塔爾德在教會學校學習哲學和古典文學，在那裡他學會了重視理性思考，了解到社會等級觀念的存在，為其此後的學術生涯奠定了堅實基礎。

　　除了在社會學領域建樹頗多外，塔爾德關於群眾、大眾、輿論、模仿、信念等問題的論述也頗有見地。其所提出的很多觀念和思想對後世學者產生了深遠影響，即使到現在，他的一些觀念和思想仍然是傳播學領域關注的焦點內容。

　　塔爾德的主要著作有《社會規律》、《輿論與群眾》、《模仿律》等。

第一節　大眾是一群精神聯結的個體

　　「在傳播學中，『群眾』和『大眾』的概念是經常被提及的。對於這兩個概念，在開講之前，我想先聽聽大家的理解。」塔爾德導師說道。

　　「群眾的範圍應該要比大眾廣泛一些。」盧方娜回答道。

　　「廣泛在哪裡呢？」塔爾德導師追問道。

　　「在某一個範圍內的人都可以稱為群眾，但這一範圍的人卻不一定都是大眾。」盧方娜繼續答道。

　　「應該是大眾的範圍更大一些吧，一些特定範圍的大眾是群眾，而超出這個範圍就不再是群眾，而只是大眾了。」李文文回答道。

面對針鋒相對的兩個答案，塔爾德導師感覺到如果再讓同學們繼續回答下去，可能會出現無法收拾的場面。為此，他迅速結束提問，開始自己掌控課堂節奏。

「在日常生活中，『群眾』這個詞常常被一些人用來表示各種人的集合。這種使用方法容易造成一些混亂，而且很多時候也會出現群眾與大眾混為一談的情況。鑑於這一點，我打算在本節對『大眾』這個詞進行準確的界定。」塔爾德導師說道。

「一般人們說的大眾有劇院裡面的大眾，也有集會場所的大眾，我們可以將這兩種場合中的大眾看作群眾。」塔爾德導師介紹道。

「是因為他們聚集在一起了嗎？」馬鵬偉問道。

「我認為他們基本是靠實在的接觸而產生的多種心理連繫的集合。但大眾顯然不是這樣的。」塔爾德導師解釋道。

「您的意思是大眾並不存在實在的接觸嗎？」盧方娜問道。

「我認為大眾應該是純粹精神上的集體，由分散的個體組成，他們沒有身體上的接觸，他們之間的組合完全是精神關係上的組合。大眾既是群眾的外延，同時也是其對立面。」塔爾德導師繼續說道。

「這種純粹精神上的集體，難道不是靠基本的身體接觸產生的嗎？沒有接觸又怎麼能產生連繫呢？」盧方娜不解地問道。

「這一點有那麼難理解嗎？我來舉個例子，現在你坐在座位上，我站在講臺上，我們之間並沒有身體接觸，而我正在滔滔不絕地為大家講課，你聽著我的課，心裡想著這位老師講的理論太對了，簡直跟我想的一模一樣。這樣來看，我們並沒有產生身體上的接觸，但我們在精神上不是形成組合了嗎？

如果在下課後，聽了這節課的同學們都去外面說『塔爾德老師的課真是太精彩了，他講的內容簡直與我的觀點不謀而合』，這樣那些沒有聽課，甚至都沒有看到過我的人，是不是也會與我產生精神上、心理上的連繫呢？

　　事實上，在第二種情境中，輿論潮流的形成使得大眾組合的條件越來越不再依靠身體的鄰近。正如現在你們使用網際網路了解外界訊息一樣，你們看到的只是網路上沒有溫度的文字，但它卻可以激起你們內心火熱的情緒波動。這時的你們並沒有與對方產生身體接觸，但在心理上卻已經連繫在了一起。」

　　塔爾德導師一邊舉例，一邊論述，時而幽默，時而嚴肅，他輕鬆地讓同學們在歡聲笑語中接受了自己的觀點。

　　「那大眾是如何產生的呢？它是與人類的語言文字相伴而來的嗎？」李文文問道。

　　「關於大眾的產生，我認為它開始於 16 世紀印刷術獲得第一次大發展之後。而到了路易十四統治時期，大眾才有了明確的形態。但那一時期真正的大眾很難超出小規模的菁英範疇，他們會瀏覽自己辦的月報，閱讀為少數讀者閱讀的少量書籍。

　　到了 18 世紀，上述大眾開始迅速增加，同時也產生了些許分化。而當新聞業正式出現之後，真正的大眾才正式來臨。」塔爾德導師解釋道。

　　「那前面我們說的大眾與群眾的範圍究竟哪個更大？它們之間的區別究竟在哪裡呢？」盧方娜似乎仍然執著於上課之初的問題，非要問出結果才行。

　　「關於『大眾』概念與『群眾』概念的區別，有一點體現在其延伸性上。在我看來，大眾是可以無限延伸的，而群眾卻沒辦法超越一個狹小的

範圍而延伸。

　　具體來說，從 20 世紀開始，由於交通工具的完善和遠距離思想的瞬時傳輸，各種大眾獲得了無限延伸的可能。而到了 21 世紀的今天，大眾無限延伸的可能無疑已經得到更大的提升。而反觀群眾這一僅次於家庭的最古老的社會群體，無論它處於什麼形態，一旦其領導者對進行控制，一旦其成員無法再聽到彼此的聲音，它就會崩潰瓦解，更不要提延伸了。」塔爾德導師解釋道。

　　「如果要說『大眾』與『群眾』的區別，其實還有很多。比如一個人可以同時屬於幾個大眾，這就像他同時屬於幾個教派一樣，但一個人一次只能歸屬於一個群眾。由此可以看出，群眾的不寬容性要更大一些，很多時候，群眾都是身不由己地被裹挾在某個範圍中，他們是受控制的。」塔爾德導師繼續說道。

　　「您所描述的大眾與現在網際網路上的社群是不是一個概念呢？」李文文問道。

　　「社群？我並不太了解這個概念，你只要分析清楚社群的形態及其內涵，應該就能搞清楚它們是否同一概念了。」塔爾德導師解釋道。

　　「那按照您的說法，大眾應該是一群存在理性的自由者，而群眾很多時候都是不自由的缺少理性的人，是嗎？」李文文繼續問道。

　　「我們可以拿看報紙來解釋這個問題。一些大眾在讀報紙時可以思考他讀到的東西，雖然這時的他也是被動的，但如果不滿意報紙的內容，他可以更換報紙，直到找到自己認為合適的。而有的大眾可能更多只讀一種報紙，長此以往，這些大眾就會變成一個同質化的群體。」

　　「反過來看，群眾的同質化程度很多時候不如那些只讀一種報紙的大眾，因為群眾中往往有很多『旁觀者』，他們可能只是出於好奇或暫時受

到感染，才參與到活動中，但想要一直控制他們，讓他們朝著一個方向走，卻並不現實。」塔爾德導師解釋道。

「當然，大眾與群眾之間雖然有諸多區別，但二者也並非是孤立存在毫無連繫的。二者之間存在一定的紐帶，它們的紐帶在於同步的信念或熱情，也在於與許多人共享同樣的思想和意願。」塔爾德導師總結道（如圖11-1 所示）。

傳播學家語錄：
大眾都依靠同步的信念或熱情來維繫，也都願意共享同樣的思想和意願。

圖 11-1 大眾與群眾的相似之處

第二節　輿論是一種評論

「上節課我們著重談到了『大眾』這一概念。那麼在這節課中，我們就不得不緊接著來談談『輿論』這個概念。

輿論與現代大眾的關係就好像靈魂與肉體一樣，如果想要研究其中一個問題，就自然而然地會順著去研究另一個問題。」塔爾德導師說道。

「輿論不是早就出現了嗎？倒是『大眾』這個概念的出現歷史更短一些。」林凱說道。

「沒錯，輿論從古至今都有，這一點並沒有錯，但我覺得你可能是將『輿論』這個詞中的兩個概念搞混淆了。輿論是各種判斷的總和，我們不應該將其與『傳統』和『理性』這兩種社會思想混淆。」塔爾德導師解釋道。

「在我看來，理性是那些菁英們相對合理，但又常常不太合理的帶有一些個人色彩的判斷。而傳統則是一些死者觀點濃縮和累積而成的精華，這些內容是值得尊重的，但在一些時候，它也會成為一種包袱。」塔爾德導師說道。

「那它們與輿論之間又存在哪些關聯呢？」盧方娜問道。

「其實在人們感受到輿論之前，個體的人早就意識到不同的傳統，並且已經開始有意識地去解釋自己認為高明的判斷了。在傳統、理性和輿論這三者之中，輿論是最後形成的，但其也是稍後最容易成長的。

如果要說它們之間的關係，那可能就有些複雜了。我認為它們既鬥爭又結盟，互相衝突、互相侵犯、互相影響，這些都是它們之間的關係。但在我看來，與輿論相比，傳統雖然更受拘束，但它在深刻性和穩定性上是輿論無法匹敵的。很多時候，傳統被削弱的時候，輿論就會得到加強，但這並不意味著理性也會隨之減弱。當然，我說的是我們那個時代的輿論，你們這個時代可能會有所不同了。」塔爾德導師解釋道。

「有什麼不同？」盧方娜繼續問道。

「在我們那個時代，理性的力量非常強大，它可以抵擋和壓制大眾輿論。但在你們這個時代，輿論已經變成了無所不能的存在，它不僅能夠對抗傳統，而且還能對抗理性，至於它對抗的是什麼理性，那就要看具體情況了。

我認為你們應該慶幸，現在的輿論還沒有入侵到科學的殿堂之中，但一些法庭和議會已經受到了它的入侵。再也沒有比輿論更加可怕的洪水猛獸了，至少到現在，我依然看不到這些洪水要消退的跡象。」塔爾德導師說道。

　　「您介紹了這麼多內容，『輿論』究竟是什麼啊？」馬鵬偉的思路似乎還停留在輿論的定義階段，但從上課到現在，塔爾德導師確實還沒有明確這一內容。

　　「前面之所以要說這麼多，是為了給輿論界定範圍，防止大家在理解其定義時出現偏差。關於輿論的定義，我覺得可以透過一個例子來更好地說明。

　　當大家聽完我這堂課後，紛紛走出教室，逢人就說塔爾德導師講得太精彩了，尤其是這節課講的輿論，那叫一個精彩。上面大家誇我的內容就可以看作一種輿論。」塔爾德導師笑著說道。

　　「您的意思是輿論其實就是一種評論嗎？」李文文問道。

　　「簡單來說確實是這樣的。在我看來，輿論是一種評論，是短暫的、或多或少合乎邏輯的成套判斷。或者換句話說，對當前的問題做出回應，在同一個時期中被同一個國家或同一個社會裡的人多次重複的判斷，就可以叫做輿論。」塔爾德導師解釋道。

　　「我有一個問題，在面對同一事件時，往往會存在至少兩種不同的輿論。比如上面有的同學說您的課講得好，但有的同學說您的課講得不好，這樣就出現了兩種輿論，我們要怎樣看待這個呢？」李文文繼續問道（如圖 11-2 所示）。

圖 11-2 輿論會影響到事實與傳統

「每一個問題都會有兩種不同的輿論，但這兩種輿論中，總會有一種輿論相當快地掩蓋掉另一種輿論。為什麼它能夠掩蓋另一種輿論呢？可能是因為它傳播得更快，也可能它是正確的，當然也可能支持它的人比較多。我們在這裡討論的是一種高度抽象的輿論。」塔爾德導師解釋道。

「在前面您為什麼說現代的輿論像洪水猛獸一樣呢？」齊悅突然問道。

「洪水猛獸？你這個形容還真是貼切。要解釋這個問題，需要從更早的時代說起。在我們那個時代，每一個城市甚至每一個村子都存在不同的意見，因為各城市彼此間聯繫較為困難，所以很難形成總體的輿論。那時候有的只是數以千計並不關聯的意見，但在報紙、書籍出現後，聯繫方便了，總體輿論也逐漸統一起來。

到了你們這個時代，網際網路在現實世界中搭建起了無形的網，將所有人連繫在一起。這時候不同地區的輿論透過網路很容易彙總在一起，從而形成總體的輿論。這種總體輿論的力量是非常強大的，它可以輕易推翻傳統，在一些情況下甚至還會威脅到理性的存在，如果連理性都被它擊垮，那一切就都亂了。」塔爾德導師解釋道。

「如果這種總體的輿論並不以事實為基礎，而是歪曲事實得出的結果，那就會危害整個社會。」李文文補充了塔爾德導師沒有說到的地方。

「沒錯，如果下課之後，大家出去全部都說我的課講得不好，那就會嚴重影響我的聲譽，以後的課程也就沒法講下去了。」說完，塔爾德導師故意做出哭喪著臉的表情，引得大家哄堂大笑。

第三節　網路劇是如何紅起來的

本月第二週馬鵬偉的課程被安排在第二節，當他睡眼惺忪地走入課堂時，其他同學早已就位，而且講臺上的布幕正在放映著時下最紅的某部網路劇。這一景象讓馬鵬偉大為吃驚，如果不是看到了盧方娜，他甚至覺得自己走錯了教室。

馬鵬偉落座後，上課鈴聲也隨之響起，佩戴好設備之後，他發現原來塔爾德導師早就站在講臺上了。

「你們說這些網路劇是怎麼紅起來的？」塔爾德導師問道。

塔爾德導師的問話並沒有得到迅速回覆，大家似乎都在思考一個更好的答案。

「跟風唄！有人說好就跟著都說好。」馬鵬偉雖然到得最晚，卻是第一個回答問題的人。

「我看這部劇已經拍了好幾季，儼然成了網路大劇。」塔爾德導師如數家珍地談起這部劇來。

「老師，您覺得是什麼原因讓這種網路劇越來越紅呢？」正當塔爾德導師準備與馬鵬偉就這部劇的內容探討下去時，盧方娜及時掐滅了他們「燃起的火苗」。

在被盧方娜提問後，塔爾德導師也意識到自己該正式進入今天的課題了。他稍微調整了一下姿態，開始講起課來。

「這正是我們今天要講到的內容，這位男同學的觀點有一定道理，但我認為『跟風』這個詞不太好，用『模仿』可能更恰當一些。」塔爾德導師說道。

「模仿？您是說這部劇模仿了什麼爆款內容嗎？是在情節上，還是在演員搭配上呢？」盧方娜對此大為不解。

「不不不，我說的『模仿』並不是這部劇在模仿什麼，而是說看這部劇的人在模仿。」塔爾德導師解釋道。

「那不就是跟風嗎？」馬鵬偉搶著說道。

「不一樣，不一樣。在我看來，人的一切行為都可以被認為是模仿。一個頭腦對隔著一段距離的另一個頭腦的作用，一個大腦上的表像在另一個感光靈敏的大腦皮層上產生的類似照相的複寫，這就是我所說的『模仿』。」塔爾德導師解釋道。

「這與網路劇爆紅又有什麼關係呢？」盧方娜似乎更加迷惑了。

「模仿是沒辦法抗拒的，社會就是模仿，一切或幾乎一切社會相似性都來自於模仿，這就好像一切或幾乎一切生物相對性都是靠遺傳獲得的一樣。在整個過程中，無論是有意的還是無意的，主動的還是被動的，如果兩個活生生的人之間存在某種社會連繫，那麼兩者之間就會存在這個意義上的模仿。

「具體到網路劇爆紅這個問題上，我們可以把所有觀看這部劇的人的行為看作在模仿。當很多人都在描述這部劇好的時候，你的頭腦中可能也會存在這樣的想法；而當很多人在說這部劇不好的時候，你的頭腦中也可能會存在同樣的想法。總而言之，就是人們會透過模仿來讓彼此的行為相一致。」塔爾德導師解釋道。

「這不就是跟風嗎？」馬鵬偉依然在同一個問題上不依不饒。

「好吧，如果你認為用『跟風』來形容更好，那就用『跟風』吧。但『跟風』並不是一種理論，而『模仿』卻是。」塔爾德導師強調道。

「從我個人的經歷來說，我並不認為自己是那種別人說好就覺得好的人，我也並不認為自己在模仿別人的行為。」李文文指出（如圖 11-3 所示）。

圖 11-3 模仿是不可抗拒的

「實際上，模仿有兩種表現形式：

- 上面我所提到的原封不動地去模仿對象。
- 反其道而行之，我稱之為『反模仿』。

正是模仿與反模仿的存在，才讓構成社會的人們表現出很多的相似之處。

當然，除了反模仿外，還存在著非模仿，其並不總是一個簡單的否定的事實，這是一種很正常的情況。」塔爾德導師說道。

「我覺得這個理論用網路劇爆紅來佐證並不那麼恰當，倒不如用粉絲為選秀節目選手投票來舉例。」李文文說道。

「你要怎麼解釋這個例子呢？」塔爾德導師問道。

「粉絲們的投票行為實際上就是模仿，包括對選手的認可其實也是一種模仿，甚至我認為追星這種行為在很大程度上還是一種模仿。」李文文繼續說道。

「沒錯，人的一切行為都是在模仿。而且很多時候，這種模仿都是從裡到外擴散的。」塔爾德導師肯定道。

「是從內心到行為嗎？」盧方娜問道。

「也可以理解為是思想上的模仿在前，物質上的模仿在後。或者可以說思想的傳播要在表達的傳播之前，而目的的傳播則要在手段的傳播之前。所以模仿這種社會行為一定是思想先行的。」塔爾德導師說道。

「這又要怎麼理解呢？」盧方娜繼續問道。

「以上面的網路劇爆紅事例來說，就是因為人們在思想上首先認可了其『好看』這個事實，隨後才出現了行為上的宣傳支持。在歷史上，一些國家被其他國家征服，但這個國家的文化卻在另一層面上征服了征服者。這個例子也很好地說明了這一點。」塔爾德導師解釋道。

第四節　每個人都可以成為菁英

「我翻了翻你們前面的課程，發現你們已經學過了『意見領袖』方面的內容。但在這節課中，我還想講一講這方面的內容。相比於前面那位導師，我所講的內容可能要更高深一些。」塔爾德導師說道。

「在課程開始之前，我想先聽大家談一談『菁英』這個概念。」塔爾德導師拋出了問題。

「從定義上來看，『菁英』是一小撮有錢、有權、有地位的人。」馬鵬偉用簡短的幾個詞概括了菁英的定義。

「在某一個領域或者多個領域具有獨到才能的人就可以稱為菁英。」林凱給出的似乎是另外一種「菁英」。

「這個概念應該從不同的層次去理解，比如在一群學生中有『菁英』，在一群工人中有『菁英』，在一群富豪中也有『菁英』。『菁英』應該是在不同群體中具有獨特才能和地位的一小撮人。」盧方娜給出了一種更容易理解的解釋。

「三位同學說得都很不錯，相比之下，這位女同學的答案更貼近我的想法。『菁英』應該是你們這個時代的叫法，在我們那個時代，我比較喜歡稱這些人為『貴族』。當然，『意見領袖』其實又是另外一回事了。下面我們主要談談我所說的『貴族』。」塔爾德導師解釋道。

「在我們那個時代，『貴族』的產生有許多不同但有共性的原因，比如道德、修養、戰功等。但不論是從哪個角度去看，社會優勢地位總是與一個人的適應能力息息相關。這就需要看一個人如何適應當時的知識狀態，如何適應一切使人成功、致富、出名所必需的各種資源。」塔爾德導師說道（如圖 11-4 所示）。

圖 11-4 成為貴族的條件

「這是不是說只有那些在不同時代中，掌握尖端知識和資源的人，才有可能成為『貴族』呢？」盧方娜問道。

「這當然是毋庸置疑的。倘若那個時代只有木棒而沒有發明其他武器，除了捕鯨沒有其他致富手段，除了忠於家族沒有其他更好的道德，除了紋身沒有其他更好的藝術，那地位高貴的人只能是善於捕鯨的勇武之人，他們對家族最忠誠，他們的紋身也最漂亮。」塔爾德導師說道。

「這是不是說，時代在發展，『貴族』也在變化？」林凱問了一個答案顯而易見的問題。

「那是當然，當動物逐漸被馴化後，最高貴的人就成了善於騎射、牧群最大、最虔誠的人。等到農業獲得較大發展，人們開始以社會群體定居，小規模軍隊出現後，想要獲得貴族的身分，就要靠策略能力、土地財富、戰爭奴隸，還要靠他們對神聖範本的虔誠、角鬥場上的勝利了。」塔爾德導師解釋道。

「這樣看來，時代越是發展，想要成為『貴族』的成本越高。」盧方娜說道。

「如果你說的『成本』是表示成為貴族的難度，你的結論就不太準確。在工業時代，發明和發現大量累積，想要再次獲得『貴族』地位似乎更難了。這一時代的貴族需要較高的威望，而這些威望的獲得需要靠指揮

大軍的才幹、領導大戰的才能、大膽成功的商業投機，以及科學文化藝術方面的卓越成就，這樣看來『成本』似乎真的高了不少。」塔爾德導師說道。

「但大家其實可以換一個角度去想一想，或者是想一想你們身邊的『貴族』，這裡說『菁英』可能更好一些。他們究竟是依靠什麼成為『菁英』的，是領導大戰的才能嗎？是大膽成功的商業投機嗎？」塔爾德導師問道。

「這些原因應該都有吧，但不一定都要具備，可能只要具備某一方面的條件就可以了。」林凱回答道。

「不對，應該是在某一方面做到極致，才能被稱為『菁英』。一次兩次成功的商業投機並不能獲得威望，要是每次商業投機都成功，那才能獲得威望，被稱為『菁英』。」馬鵬偉補充了林凱的觀點。

「那除了這些方面，還有其他方面的原因嗎？」塔爾德導師繼續問道。

「如果某個人在哪一方面的業餘愛好上具有卓越表現，在現在這個時代應該也可以成為『菁英』。」李文文回答道。

「有什麼具體的例子嗎？」塔爾德導師追問道。

「比如在現在的電商平臺上，一些人憑藉自己對美妝產品獨有的品位，透過直播賣產品。在這個過程中，他獲得了粉絲的追捧，應該算是一種威望吧，至少在直播這個圈子裡面，他就是『菁英』了。」李文文回答得有些磕絆，似乎對自己的答案並不那麼自信。

「你的論述沒有問題，這一點確實也是成為『貴族』的一個可能因素。」塔爾德導師回應了李文文的回答。

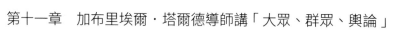

「需要指出的是，在工業時代以後，尤其是到了現代，各種的貴族榮耀都是個人的榮耀，雖然可能會不斷傳承，但它絕不是世襲的，而是憑藉社會選擇的楷模獲得的。」塔爾德導師說道。

「您的意思是說當今從祖輩那裡世襲獲得財富、地位的人，現在並不足以稱之為『菁英』嗎？」盧方娜問道。

「你認為足以嗎？」塔爾德導師反問道。

「這個問題並不好回答，因為需要根據確切問題具體分析。但有一點是確定無疑的，那就是在任何一個國家，發財本身並不足以讓人變成『貴族』，雖然有時它會讓人生而富有，但生而富有並不等於高貴。想要成為真正的『貴族』，需要再加上令人尊敬的地位，哪怕是世襲的令人尊敬的地位。」塔爾德導師解釋道。

「財富和地位掛鉤這件事，本身就存在一定的問題。」留下最後一句話後，塔爾德導師結束了自己全部的課程。

第十二章
斯圖亞特・麥克菲爾・霍爾導師講「文化表徵理論」

在本章中，斯圖亞特・麥克菲爾・霍爾導師帶來了「文化表徵理論」相關內容。結合自己在大眾文化研究領域的經驗，霍爾導師具體分析了「受眾的解碼立場」、「表徵與文化」等問題。在最後一節課中，霍爾導師還為同學們介紹了傳播學中的批判學派，擴展了大家的視野。

斯圖亞特・麥克菲爾・霍爾

　　（Stuart McPhail Hall，1932 年 2 月 3 日至 2014 年 2 月 10 日），英國文化理論家、社會學家、媒體理論家和文化研究批評家，伯明罕大學現代文化研究中心的創建者之一。他始終致力於媒介與大眾文化研究，在文化研究領域的主導地位和傑出成就尚未有人可以超越。

　　霍爾的代表著作有《電視討論中的編碼和譯碼》、《文化研究：兩種範式》、《「意識形態」的再發現：媒介研究中被壓抑者的回歸》、《意識形態與傳播理論》等。

第一節　傳播是個商品流通的過程

　　「你們聽說沒，那個女明星又被狗仔隊偷拍到了。」一個胖胖的女生對著教室中的其他人說道。

　　「知道，上一次拍到她，她不是否認了嗎？這次真是『捉賊要贓』，不能否認了。」另一個留著長髮的瘦高女生說道。

　　「聽說後面還有爆料呢，她其實和她老公早就離婚了。」胖胖的女生有些得意地說道。

　　「這幾位同學不要討論了，我們大家一起來討論討論。」講臺上，霍爾導師笑著說道。

　　「不討論了，不討論了，老師您講吧。」胖女生怯怯地回應道。

　　「這個問題光我來講可不行，還是要大家一起討論才行。我們就接著你們剛才談論的話題來開始本節課，你說說你們剛才談論的是什麼？」霍爾導師提問道。

「沒什麼，網上的八卦而已。」女生的聲音又降低了幾個分貝。

「網上的八卦啊，這樣說有點不準確，我覺得還是叫它媒體低俗化問題吧。我們今天就藉著這個話題，來聊一聊我的『編碼、解碼』理論。」霍爾導師成功將談話引入到自己要講的理論之上。

「媒體低俗化問題是伴隨著大眾傳播不斷發展而產生的，它關聯著人類生活的方方面面，在經濟利益的驅使下，媒體低俗化逐漸氾濫。那麼，在大家眼中，現在的媒體低俗化現象都有哪些呢？」霍爾導師問道。

「一些媒體上充斥著娛樂明星的八卦消息，之前是娛樂媒體千方百計挖八卦，現在是明星互爆八卦，甚至還有人自己炒作自己的八卦。網路媒體上的內容真實性已經蕩然無存了。」盧方娜第一個總結道。

「一些新聞節目為了追求收視率，大肆增加獵奇內容，甚至將暴力犯罪、性內容作為要點大肆報導。新聞的真實性也大打折扣，逐漸成為收斂錢財的工具。」李喜月回答道。

「現在網上到處是企業自己寫的文字廣告，每個企業都誇自己好，說別人不好，媒體已經成為收錢放廣告的平臺了。」馬鵬偉說道。

「很好，很好，大家說了這麼多，都有些出乎我的預料了。看樣子，大家對當前媒體的發展演化確實感受頗深。下面我從理論層面為大家解析一下這一現象。」霍爾導師似乎很滿意大家的答案。

「傳統的線性傳播模式關注的焦點主要集中在訊息交流層面，缺少對各個環節之間關係的整體思考。我認為，我們應該以另外一種方式來思考這個過程，即將傳播過程看成一種結構，其由生產、流通、消費、再生產這幾個相互連繫但各不相同的環節結合產生。

簡單來說，我認為傳播的整個過程就像商品生產的過程，在生產環節中，編碼者依據代碼來編寫訊息；到了流通環節，訊息會以話語的形式進

行流通；到了分配環節，訊息會被分配到譯碼者手中；最後的再生產環節，則由譯碼者根據代碼對訊息進行譯碼，獲取其意義。」霍爾導師對自己的理論進行了詳細解釋。

「這是不是說現在的您就是編碼者，而我們就是譯碼者？」李文文問道。

「沒錯，我是傳播者即編碼者，你們則是受眾即譯碼者。我為大家講課這個過程，其實包含了多個環節的內容，首先是我生產出內容，然後再透過話語讓內容流通，隨後大家接收到我的內容，並進行理解，進而再次輸出。但這其中是存在著一個問題的。」霍爾導師說到這裡稍微停頓了一下。

「有的時候您所講的跟我們理解的可能並不是一個意思。」李文文說道。

「沒錯，應該會有很多時候是這樣。為什麼會出現這種情況呢？原因就在於編碼者與譯碼者所擁有的代碼系統是不同的。

編碼者在對內容進行編碼時，擁有自己的代碼系統。而譯碼者在進行譯碼時，也擁有自己的譯碼系統。如果兩個代碼系統恰好一致，那他們對同一內容的編碼／譯碼應該是一致的。但很多時候人們的代碼系統是不同的，所以就很容易出現這種受眾解讀內容與傳播者傳播內容不同的情況。」霍爾導師解釋道。

「我知道了，這就是我聽不懂您講課的原因。」馬鵬偉笑著說道。

「你這麼說也沒錯，看樣子下課後你要留下來跟我核對一下代碼系統了。」霍爾導師也笑著說道。

「那這與媒體低俗化又有什麼關係呢？」在眾人哄笑過後，盧方娜問道。

「關於這個問題，我們需要從編碼和譯碼兩個方面去理解。在編碼方面，編碼者在編碼時會受到意識形態和其他主觀因素的影響，所以其生產

的內容往往具有傾向性。媒體低俗化氾濫的一個主要原因是編碼者的意識形態或主觀因素作用的結果，如果媒體生產者過分追求收視率、票房等經濟效益，必然會出現媒體內容低俗化的問題。」霍爾導師解釋道。

「這麼說編碼是內容低俗化的根源所在？」盧方娜繼續問道。

「大眾傳播是一個雙向互動的過程，雖然編碼者在編碼時存在一定的傾向，但認知水準足夠高的受眾完全有能力擺脫編碼者的控制，並且解析出不同的意義。而認知水準低的受眾，在面對低俗化訊息時，因為不能辨別其內容真假，只能盲目被動接受現有訊息，這也是導致媒體低俗化的一個原因。」霍爾導師解釋道。

第二節　受眾的三種解碼立場

「上節課，在討論媒體低俗化問題時，我們學習了『編碼、解碼』理論。由於時間有限，我們並沒有展開論述，這節課我們主要來說一說受眾解碼立場的問題。對了，上一節課後要跟我交流代碼系統的同學，怎麼下課之後沒有留下啊？」

霍爾導師在講完開場白後，似乎突然想起了上一節課的事情。同學們的目光隨著霍爾導師一同看向了馬鵬偉，感到危機的馬鵬偉一下子站了起來。

「我後來聽懂了您講的內容。」說完，馬鵬偉對霍爾導師展現出「迷人的」微笑，希望以此來矇混過關。

「聽懂了啊，那好，正好本節課我們有一個課堂測試，主要是針對上節課的內容的。試卷滿分是 10 分，我的要求是大家的成績不能低於 9 分。」霍爾導師語氣嚴肅地說道。

霍爾導師話音剛落，課堂中爆發出一片驚詫聲 ——「啊？」

「9 分的標準有些太高了吧。」馬鵬偉質疑道。

「高嗎？那你覺得幾分才算合適呢？」霍爾導師問道。

「6分及格，9分優秀吧。」馬鵬偉建議道。

「你們也覺得9分定得有些高嗎？」霍爾導師問道。

雖然沒有人回答霍爾導師的問題，但從大家的表情中看得出來，這個分數定得確實是有些高。

「大家為什麼會對我定的分數有異議？我看原因還是在大家對我上節課所講內容的理解有偏差上。至於為什麼出現偏差這個問題，上節課我們已經講過了，但會存在哪些不同的理解，我們卻沒有提及。」霍爾導師提到。

「理解還有類別嗎？理解了不就是理解了嗎？」問完問題後，馬鵬偉都不知道自己在問什麼。

「理解確實可以分為很多種，在理論狀態下，大家對我所講的內容可能存在三種理解狀態，一種是認同，一種是不全認同，最後一種則是全不認同。這便涉及我們要講的受眾解碼立場問題了。

在我看來，受眾之所以對傳播內容做出與傳播者編碼不同的解碼，主要是因為受眾的知識結構、社會地位和解碼語境與傳播者是不同的。其中主要的影響因素就是受眾在社會結構中的地位，而與受眾在社會結構中的地位相對應的解碼立場主要有三種：統治—霸權立場、協商立場、對立立場。」霍爾導師解釋道。

「統治—霸權立場是指受眾在編碼者設定的框架內進行解讀，並認同內容所主導的意識形態。協商立場是指受眾與占統治地位的意識形態處於一種矛盾和協商的狀態之中，既有一定的主導意識形態，也有受眾根據自己所處的群體位置做出的判斷。對立立場則是在解碼後，受眾採取與編碼者完全相反的策略，根據自己的理解解讀出新的意義。

這三種不同的受眾解碼立場，對應著處於不同社會結構地位的受眾。

統治—霸權立場主要被社會中上層菁英分子採用，因為編碼者所宣揚的與他們的利益相一致；協商立場主要被社會中間階層採用，他們需要與編碼者協商出一個雙方都可以接受的解釋；對立立場則主要被社會下層所採用，他們所處的社會情境與主導意識形態相悖，所以需要對抗這種主導意識形態。」霍爾導師繼續解釋道（如圖 12-1 所示）。

「這一理論是說處於不同階層的受眾，常常會根據自己的需要去解讀編碼者的意圖嗎？」盧方娜問道。

「這算是一種表現，我想透過這一理論表達的是，傳播內容的意義很多時候不是編碼者所傳遞的，而是由譯碼者創造出來的。」霍爾導師解釋道。

「那這是說解碼者可以隨心所欲地按照自己的意願進行解碼嗎？」盧方娜追問道。

圖 12-1 不同階層受眾的不同解碼立場

「當然不能，編碼者雖然不能規定讓解碼者按照自己的意圖進行解碼，但編碼過程是存在一定界限和範圍的，解碼者在解碼時必須要在這個界限中操作才行。」霍爾導師強調道。

「前面我提到 9 分標準時，大家反應不一，有的同學覺得 9 分沒什麼難度，有的同學覺得應該降低分數，而有的同學則覺得降不降無所謂。根據這一點，我就可以將大家分為不同的三個層級。

認同 9 分標準的同學處於一個層級，他們認同跟隨我所宣揚的內容；希望降低分數的同學處於另一個層級，他們並不完全認同跟隨我所說的，但覺得可以協商一下；而覺得無所謂的同學則屬於一個層級，他們並不認同跟隨我說的，並打算展開對抗。」霍爾導師又說到了考試的問題。

「那我們到底定多少分合適啊。」馬鵬偉問道。

「如果大家理解了我上面講的內容，那具體定多少分就無所謂了。因為我只是想舉一個例子，並沒有什麼考試。」霍爾導師笑著說道。

第三節　表徵與文化

「在學過了編碼和解碼之後，今天我們要學習『文化與表徵』的相關內容。實話說，這一內容並不有趣，甚至對某些同學來說還有些難懂。」在開講之前，霍爾導師為同學們打了一劑預防針。

「文化向來都是社會科學中最難解釋的概念之一，有很多方式可以去界定這個概念。那麼在大家眼中，『文化』這個概念應該怎麼理解呢？」霍爾導師問道。

「文化應該是那些優秀的思想和作品的總稱，它們所蘊含的內容就是文化。」林凱第一個回答道。

「文化應該是抽象的東西，不應該是具體的某些藝術作品。」盧方娜似乎並不認同林凱的答案。

「關於『文化』這一概念，有的學者將其概括為三種方式：第一種是理想層面的文化定義，即那些最優秀的思想藝術經典；第二種是文獻層面的文化定義，即文化是智慧和想像的作品；第三種則是社會層面的文化定義，即文化是一種整體的生活方式。

但我認為這些界定方式依然是不充分的，在我看來，文化與其說是一組事物，不如說是一個過程、一組實踐。文化所指涉的是社會成員之間的意義生產和交換，其核心在於意義的創造、交往、理解和解釋。」霍爾導師解釋道（如圖 12-2 所示）。

傳播學家語錄：
文化是一個過程、一組實踐，其所指涉的是社會成員之間的意義產生和交換，其核心在於意義的創造、交流、理解和解釋。

圖 12-2 「文化」的定義

「那意義要怎樣才能彰顯出來呢？這需要在日常生活中，我們對事物的使用，對事物所言、所思、所感，也就是對事物進行表徵。」霍爾導師繼續說道。

「表徵？是表述事物特徵的意思嗎？」盧方娜問道。

「關於表徵，這裡有兩種意思：

- 表徵某種事物，就是去描述或模擬它，以此在頭腦中將事物的相似物品構建出來。
- 象徵或代表，或是做什麼的標本或替代。

這兩種意義對應著兩種不同的表徵系統，一種表徵系統幫助我們賦予世界『意義』，而另一種表徵系統則是將各種符號安排到表徵事物概念的各種語言中。

表徵所意指的整個實踐過程，其實就是將事物、概念、符號三個要素聯結在一起，從而展示語言中進行意義生產的實質屬性的過程。從表層來看，表徵是針對客觀世界的象徵符號，而從內涵來講，表徵除了反映現實世界外，還是一種文化構建，具有意指實踐的功能。」霍爾導師進行了一連串的解釋。

「這個『意指實踐』又是什麼意思？」馬鵬偉對於霍爾導師的解釋似乎仍有疑問。

「簡單來說，我們身邊的各種事物其實並沒有什麼固定的意義，意義完全是被構造出來的，這就是我說的『表徵的過程就是生產意義的過程』。」霍爾導師解釋道。

「那事物的意義就是我們個人賦予的唄。這樣說來，那些代表著幸運吉祥的幸運符就沒有什麼意義了啊。」齊悅說道。

「你這種理解有一個明顯的問題：如果事物的意義是個人賦予的，那同樣一個事物的意義就可能千差萬別，人與人之間就無法進行有效交流了。」霍爾導師解釋道。

「在文化研究中，語言意義表徵的運作方式主要有三種途徑，分別是反映論途徑、意向性途徑和構成主義途徑。

　　在反映論途徑中，意義被認為存在於現實世界的人、事、物之間，語言則如鏡子一般單純地反映或模仿已存在的真相。這種途徑認為語言只是反映意義，而並不會構建意義。

　　在意向性途徑中，說話的人透過語言將自身的獨特意義強加於事物之上，即認為是說話的人為各種事務賦予了獨特意義。上面提問的同學所用的正是這種途徑，但其存在著明顯的缺陷，因為語言並不是私人遊戲，而是一種社會系統。

　　在構成主義途徑中，事物本身是沒有意義的，是社會成員透過他們文化的、語言的表徵系統構建了意義，這樣世界才具有意義。我很認同這種途徑，其對文化研究產生了重要影響。」透過霍爾導師的一連串解釋，大家似乎明白了「表徵與文化」的內容。

　　「這麼說來，玫瑰花的花語代表愛情的意義，就是透過第三種途徑構造出來的？」馬鵬偉問道。

　　「沒錯，可以這麼理解。」霍爾導師回應道。

　　「表徵是人們透過語言生產意義的過程，正是因為有這一過程的存在，那些使用同一種符號系統的人，才能夠進行意義的傳達和交流。基於此，我認為人類正是透過表徵構建了意義世界。」霍爾導師總結道。

第四節　傳播學研究中的「批判學派」

　　「翻看大家前面學過的內容，似乎還沒有哪位導師講到傳播學學派的問題。鑑於前面幾節課的內容過於深邃，最後一節課我們就來講一點輕鬆的內容。」霍爾導師似乎不打算繼續講自己那些不容易理解的理論精粹，而是打算給大家講一些基礎理論知識。

「當傳播學如雨後春筍一般，在各個國家生根發芽後，傳播學研究學派也開始以國家和地區為單位出現。在傳播學的漫長發展歷程中，主流的傳播學學派主要有兩個——經驗學派和批判學派。下面，我們就來詳細了解一下傳播學中的批判學派。」霍爾導師說道。

「為什麼不了解經驗學派呢？」馬鵬偉問道。

「經驗學派？如果有興趣你們可以在課下去了解了解。」霍爾導師表情嚴肅地說道。

「傳播學中的批判學派興起於 1960 年代的歐洲，在研究方法上，該學派主要以思辨為主，強調定性、全面、宏觀，反對實證主義。而在社會觀念上，該學派認為資本主義及其傳播制度是極不合理的，大眾傳媒早已變成少數壟斷階級用來實現統治的意識形態工具，所以必須要進行批判和改變。」霍爾導師強調道。

「那批判學派主要研究什麼呢？」盧方娜問道。

「批判學派研究的焦點在於『為誰傳播』，以及傳播體制與社會各要素之間的關係如何，最終研究的落腳點主要放在傳播意義上。」霍爾導師指出。

「在批判學派中，還有許多不同的流派，比如法蘭克福學派、政治經濟學派、文化研究學派等。不同的學派著重研究的內容和方向也有所不同，比如我所在的文化研究學派，專注於對社會關係與意義之間的關係進行研究。」霍爾導師繼續說道。

「與我同屬文化研究學派的還有理查‧霍加特、約翰‧費斯克等人。其中約翰‧費斯克認為受眾並非在消極被動地接受文化工業的產品，而是擁有自主的辨識力和創造力。即使在同一個學術流派之中，大家所研究的內容和方向也是有所不同的。」霍爾導師解釋道。

「那批判學派中的各個流派在研究內容上具體有哪些不同呢？」盧方娜繼續問道。

「關於不同流派的內容差異，似乎沒辦法用簡短的語言表述清楚。事實上，批判學派各流派的出現，更多的是與研究區域有關。比如，法蘭克福學派的學者們主要以德國法蘭克福大學社會學研究所為中心，文化研究學派則主要以英國伯明罕大學當代文化研究中心為中心，而政治經濟學派則深受英國萊斯特大學大眾傳播中心的影響。他們在研究內容上的差別比較大，但主要還是以法蘭克福學派和馬克思主義作為理論基礎。」霍爾導師解釋道。

「那批判學派與經驗學派的差異主要表現在哪裡呢？」盧方娜繼續問道。

「這兩個學派間的差異和分歧太大了，無論在研究目的、研究方向，還是研究方法上，雙方都存在著許多不同之處。說不同都是輕的，在社會觀和傳播觀上，雙方甚至是水火不容的。

在社會觀上，經驗學派認為資本主義是多元化社會，多方利益協調可以消除社會矛盾，而媒體則是改進社會問題的重要工具。批判學派的社會觀如前所說，是對現行資本主義制度抱持批判的，他們認為大眾媒介在本質上是少數壟斷資本對大多數人實行統治的工具。可以看出，在社會觀上，雙方完全是背道而馳的。

在傳播觀方面，經驗學派主要關注如何傳播，注重個體層面的傳播效果和受眾，其目的在於更好地服務於實踐。而批判學派反對經驗學派只注重個體效果分析的做法，著重於從整體的角度研究傳播體制、社會結構、意識形態和傳播的關係。」霍爾導師詳細論述了兩大學派間的不同之處（如圖 12-3 所示）。

「那究竟哪個學派的研究更正確呢？」林凱問道。

「我當然支持批判學派的研究，但對於正確與錯誤的評判，我是沒有結論的。很多事情不是用『非黑即白』就能說清楚的，至於認可哪種學派的觀點，大家應該透過自己的思考去做判斷。」霍爾導師總結道。

批判學派與經驗學派

制度有問題，媒體常作怪。　　多方利益協調，消除社會矛盾。

批判學派　　　　　　經驗學派

圖 12-3 批判學派與經驗學派

第十三章
喬治・葛本納導師講「電視教養理論」

在本章中，喬治・葛本納導師主要向同學們介紹了「電視教養理論」。作為傳媒的文化指標研究的重要內容，「電視教養理論」對傳播學發展產生了深遠影響。當然，葛本納導師並沒有局限在自己的時代，他將這一理論擴展到了網際網路時代，詳細介紹了「共識」作用，以及明星為何火爆等內容，加深了同學們對這一理論的理解。

（George Gerbner，1919 年 8 月 8 日至 2005 年 12 月 24 日），出生於匈牙利首都布達佩斯。1968 年，葛本納實施了文化指標研究計畫，用來記錄電視內容的趨勢以及這些變化如何影響觀眾對世界的看法。他提出的「涵化理論」對傳播學發展產生了深遠影響。

第一節　每個人都在被大眾傳播影響

「終於輪到我來為大家上課了，對於把我的課程放在後面，我表示不理解、不認同，但我也無能為力。聽說大家上週的傳播學課程學得很吃力，正好在這一週放鬆一下，我要講述的內容大家都能很輕鬆地理解。」與霍爾導師不同，葛本納導師的這劑預防針打得大家頗為舒服。

「您是要講電視教養理論嗎？」馬鵬偉急著問道。

「我是想講些別的內容的，但前面的導師們把能講的基本講得差不多了，我就不再重複了，就拿自己最得意的研究結論來講吧。」格伯納導師說道。

「現在對你們來說，『電視教養』應該已經過時了，應該說『網際網路教養』或『手機教養』才對。但不論是哪種媒介，教養理論的內容都是一致的。長期收看充滿暴力色彩的電視節目，很容易導致觀看者認為現實世界就充滿著暴力和危險。」葛本納導師說道。（如圖 13-1 所示）

「我媽媽每天看那些婆媳鬥法的電視劇，也總覺得婆婆和媳婦之間只能呈現水深火熱的狀態，而沒辦法做到水乳交融的境界。」齊悅將葛本納導師說的理論內容描述得形象生動、真真切切。

　　「你的描述很準確。在現代社會中，傳播媒介所展現的『象徵性現實』對人們認識現實世界產生了巨大的影響。由於傳播媒介所具有的一些傾向性，人們在心目中形成的『主觀現實』便會與現實世界中的客觀現實產生較大的偏離。」葛本納導師解釋道。

　　「您所說的這些『現實』是李普曼導師所說的『擬態環境』中的『現實』嗎？」盧方娜問道。

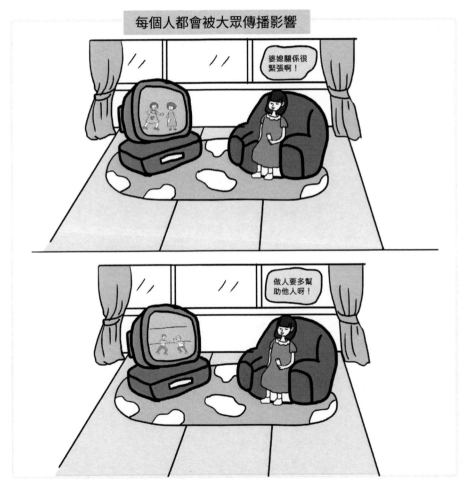

圖 13-1 每個人都會被大眾傳播影響

「基本是一致的。因為大眾媒介對人們的影響並不是短期就能消退的，而是一個長期的、潛移默化的、逐步培養的過程，它會在不知不覺之中對人們造成深層影響。正是基於這種情況，我才將自己這一系列研究稱為『培養分析』。」葛本納導師指出。

「這節課我們不去擴展『培養分析』的內容，而只說大眾媒介對我們的『教養』作用。大家有沒有想過，你們喜歡什麼、討厭什麼，其實都是大眾媒介『培養』出來的呢？」格伯納導師提問道。

「我就愛看那些武俠劇，但也沒覺得現實世界有多麼武俠啊。倒是爾虞我詐、雞鳴狗盜的事情和電視劇裡面差不多，經常發生。」馬鵬偉自認為沒有被大眾媒介「培養」。

「我看你倒是頗有武俠風骨的，你沒有覺得武俠世界中的價值觀影響到你嗎？」格伯納導師反問道。

「武俠世界的價值觀？這樣想來，在重情重義方面，我應該是被武俠世界深深影響了。」馬鵬偉說道。

「在愛打架、愛惹事、耍貧嘴方面也受到影響了。」盧方娜接過馬鵬偉的話，補充道。

盧方娜的回答逗得大家哈哈大笑，就連葛本納導師也受到了影響。

「很好很好，看樣子這位同學確實受到了不小的影響。」葛本納導師笑著說道。

「在本節課中，我想要強調的內容是，在當今時代，電視（網際網路、手機）培養或構造了現實世界。這個現實世界在很多時候是需要加上引號的，但我們中的大多數人卻認為其真的就是現實世界，並且接受和認可了它的真實性，由此產生諸多判斷和行動，這在很多時候是非常危險的。

　　正如上面我所提到的暴力節目會讓觀看者認為現實世界就是暴力的，這對於容易遭受暴力傷害的弱勢群體來說，無疑是一種精神上的恐嚇，對社會穩定也是極為有害的。當然，這是一種顯見的危害，許多國家的政府都看到了這一點，並採取了相應措施。但還有一種隱性的危害正在不斷孕育之中。」葛本納導師說道。

　　「娛樂至死。」李文文搶答道。

　　「沒錯，這位同學總結得很精準。在政府的管控下，媒體內容中的暴力情節少了，但娛樂內容卻氾濫起來。大眾媒體需要依靠收視率來獲得經濟回報，娛樂內容可以最大限度吸引受眾，這就導致大眾媒體不斷播放娛樂內容。很多時候為了確保在同業競爭中占據有利位置，一些大眾媒介甚至會將暴力、惡搞、色情等內容，糅合到娛樂內容之中，淡化暴力色情色彩，逃避官方審查。長久下去，視聽者又會被潛移默化地『培養』起來。」葛本納導師說道。

　　「那我們應該怎麼辦？難道我們每天只能看些『走近科學』、『人與自然』等節目嗎？」馬鵬偉問道。

　　「這種問題的出現首先是大眾媒體的責任，它們應該去調整自身的經營模式。其他原因則在於很多觀看者並不了解『教養理論』，認知不到大眾媒體對自身的影響，所以他們樂於『被培養』。

　　對於大家來說，認清大眾媒體對自己的影響是最重要的，區分好『主觀現實』、『象徵性現實』和『客觀現實』同樣是重要的。做好了這一方面的工作，就能更好地應對大眾媒體的『培養』了。」葛本納導師總結道。

第二節　網際網路媒介的「共識」作用

「在上一節課末尾，我們提到了大眾媒體的責任問題，關於這一點，大家可能已經學過類似的內容，但那與在『培養分析』中我要介紹的內容有所不同。我要強調的是大眾媒體提供『共識』的作用。」葛本納導師說道。

「這種『共識』主要指什麼呢？」盧方娜問道。

「『培養分析』研究的觀點認為，社會如果要作為一個統一的整體存在並發展下去，就需要社會成員對該社會產生一種『共識』。簡單來說，就是要對客觀存在的事物、重要的事物，以及社會上的各種事物、各個部分及其相互關係有一個大致的了解。」葛本納導師指出。

「這是要人們了解整個社會嗎？」盧方娜繼續問道。

「至少要對社會這個整體有一個大致的認知，只有這樣，人們的判斷和行為才會有共同的基準，社會生活才能協調。」葛本納導師解釋道。

「這要怎麼實現呢？我們有可能了解整個社會嗎？」盧方娜對葛本納導師的解釋依然存有疑問。

「當然可以實現，大眾傳播的一項基本任務就是提供這種『共識』。在傳統社會中，教育和宗教承擔著這一任務，到了現代社會，大眾傳播則承擔起了這項任務。教育和宗教只能在有限範圍內提供『共識』，而大眾傳播則可以將同一內容的訊息傳播到社會的各個角落。」葛本納導師繼續解釋道。

「現在，大眾傳播已經不僅僅是現代社會的『故事講解員』，而變成了緩和社會矛盾與衝突的『熔爐』。在這一點上，大眾傳播在提供『共識』方面的能力，已經遠遠超過了教育和宗教。」葛本納導師強調道。

「那您說的不還是大眾媒體對我們的『培養』嗎？」馬鵬偉問道。

　　「你可以認為這是『培養分析』研究的另一個方面。從目的上來看，『培養分析』揭示了大眾傳播為統治階級和意識形態服務的本質。」葛本納導師解釋道。

　　「按照正常的流程，下面我將會為大家講一講電視媒體在形成『共識』中的重要作用，但放眼當前大家的現實生活，電視已經退出了大多數人的生活舞臺，網際網路媒介以其獨特的優勢取代了電視媒體的地位。因此，下面我們不談電視媒體的『共識』作用，而談談網際網路媒介的『共識』作用。大家可以說說網際網路媒介在形成『共識』方面，區別於其他媒介的獨特優勢。」葛本納導師說道。

　　「現在網際網路的普及程度非常高，其擁有的受眾是其他大眾媒體沒辦法比的。」林凱率先說道。

　　「透過網際網路獲得訊息非常便捷，即使不識字，只看影片或聽音訊，也能獲得相應的訊息。」齊悅回答道。

　　「除了便捷之外，網際網路提供訊息的手段也更加多樣化，可以滿足人們的多種需求。」盧方娜補充道。

　　「現在小孩子都沉迷網路無法自拔了，透過網際網路『培養』他們可太容易了。」馬鵬偉說道。

　　「大家說的都沒錯，還有一個特點是當前網際網路媒介已經廣泛滲透到人們生活的各個方面，社會這臺巨型機器離開了網際網路將陷入癱瘓，這也使得網際網路可以發揮出其他媒介所不曾有過的力量，至少在形成『共識』方面是其他媒介無法比擬的。」葛本納導師補充道。

　　「這些其實也是我們那個時代電視媒體的獨特優勢，只不過到了你們這個時代變成了網際網路媒介的優勢。伴隨著時代的發展，新的媒介也許有可能會取代網際網路媒介，成為新的形成『共識』的重要力量。

你們或許有所感受,無論是多麼重大的事件,如果電視或網際網路媒介沒有報導,很少人會將其當作真實發生的事情。相反,一些本就微不足道的事情,如果經過電視或網際網路的大肆報導,那它就會被越來越多人知道,並成為一件異乎尋常的大事。」葛本納導師說道。

葛本納導師舉完這個例子,同學們似乎瞬間意識到了這一現象,至少從他們的表情中可以看出,葛本納導師說的確實沒錯。

「我一直在想您說的『共識』在現實中究竟是什麼?是規則或價值觀一類的概念嗎?」李文文與盧方娜一樣,依然陷入對「共識」的認知中(如圖 13-2 所示)。

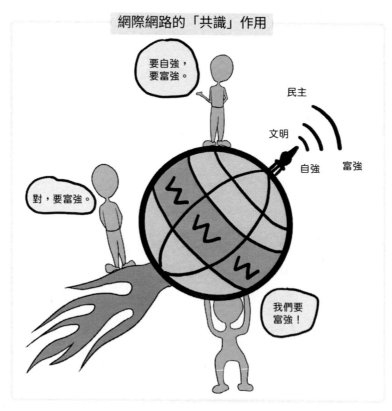

圖 13-2 網際網路的「共識」作用

「要將『共識』具象化是比較困難的。你所說的規則和價值觀可以看作一種共識，但共識所涵蓋的範圍顯然要比它們更廣泛一些。『尊老愛幼』算是一種共識，而且透過大眾媒體也可以培養這種共識。諸如此類的共識太多太多，沒辦法一一列舉。」格伯納導師總結道。

第三節　大眾傳播特定傾向性的形成

「大眾傳播在訊息產生、傳達和消費過程中，總會受到各種制度性壓力和制約因素的影響，這會導致大眾傳播的內容形成特定的傾向性。這種現象在我們的生活中很常見，但很多時候，大家卻對其視而不見。」葛本納導師說道（如圖 13-3 所示）。

傳播學家語錄：
大眾傳播因各種制度性壓力和制約因素的影響，在內容上會形成特定的傾向性。

圖 13-3 大眾傳播的特定傾向性形成

「大家明白我上面所說的話的意思嗎？」擔心同學們不明白，葛本納導師問道。

「這是說很多時候我們看到的、聽到的並不是完整的事件本身，對嗎？」盧方娜回答道。

「可以這麼理解。」格伯納導師回應道。

「這是傳播者的意圖嗎？」盧方娜追問道。

「肯定是與傳播者有關係的，但影響因素卻不僅僅這一點。」葛本納導師回答道。

「為了更好地理解這個問題，我們用一些事例來說明。第一個事例是戰爭，即使在你們生活的這個時代，在世界的某些角落，依然在不斷發生著局部戰爭。在這裡，我們不關注戰爭本身，而著重研究一下大眾傳播媒體對戰爭的報導。」葛本納導師說道。

「如果要對戰爭報導角度進行劃分，大家認為戰爭中的報導主要有幾種？」格伯納導師問道。

「應該有戰爭雙方和第三方這三種不同的報導角度吧？」雖然答案是正確的，但馬鵬偉依然顯得有些信心不足。

「沒錯，正是這三種角度。那具體來說這三種角度的報導又會是怎樣的呢？」格伯納導師繼續問道。

「戰爭雙方肯定傾向於報導對方的過錯、對方的傷亡，然後刻意淡化自己的過錯和損失。第三方的話，應該會選擇支持戰爭中的某一方吧。」馬鵬偉回答道。

「第三方也可能會保持中立，只發表一些無關痛癢的評論。」林凱補充道。

「那為什麼會出現這些不同角度的新聞報導呢？各方不應該都完整地報導戰爭的各個細節嗎？」葛本納導師繼續提問。

「戰爭中的宣傳是非常重要的，所以各方肯定會選擇對自己有利的報導角度。」馬鵬偉回答道。

「很好，這正是我在本節課開始所說的大眾傳播內容的特定傾向性。

很多時候，大眾傳播面對的客體往往是一樣的，同樣是一場戰爭，但因為戰爭各方的立場不同，他們在報導戰爭時的角度就會有所不同，報導的內容也就不同。」葛本納導師解釋道。

「這樣做可以嗎？」盧方娜問道。

「如果是歪曲戰爭事實，進行虛假報導，那當然是不可以的。但如果他們只截取戰爭片段進行客觀報導，那為什麼不可以呢？」葛本納導師回答道。

「這就是所謂的『傾向性』嗎？」盧方娜問道。

「沒錯，這就是我所說的大眾傳播內容的特定傾向性。」葛本納導師回答道。

「那除了傳播主體的原因，還有什麼因素會導致這種『特定傾向性』出現呢？」盧方娜繼續問道。

「一般來說，大眾傳播內容特定傾向性的形成，主要會受到四個方面因素的影響：

第一，國家相關部門對傳播制度和傳媒活動的規定。

第二，大眾傳播媒體廣告主對傳播活動的干預和影響。

第三，同行業的競爭和來自各種利益團體的壓力。

第四，一般受眾對訊息傳播過程的影響（如圖 13-4 所示）。

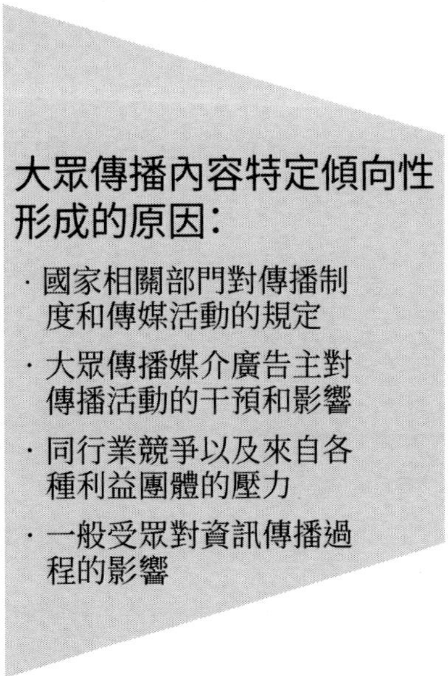

大眾傳播內容特定傾向性形成的原因：

· 國家相關部門對傳播制度和傳媒活動的規定
· 大眾傳播媒介廣告主對傳播活動的干預和影響
· 同行業競爭以及來自各種利益團體的壓力
· 一般受眾對資訊傳播過程的影響

圖 13-4 大眾傳播特定傾向性成因

但在我看來，主要產生作用的是前三個方面的因素，一般受眾對傳播過程的影響是相對有限的。」葛本納導師解釋道。

「這種『傾向性』應該存在嗎？新聞報導不是應該客觀真實嗎？」李文文問道。

「我認為這種『傾向性』與新聞報導的客觀真實並不矛盾。如果『傾向性』的存在是以忽略客觀事實為前提的，那這種『傾向性』便是惡毒的，但如果這種『傾向性』來自於客觀事實的某個方面，被作為一種傳播技巧來使用的話，那這種『傾向性』的存在是沒有太大問題的。」葛本納導師回答道。

第四節　為什麼流量明星這麼紅

「聽說最近很多同學都在追一部電視劇，叫什麼《落英繽紛嘩嘩嘩》。」葛本納導師的一句話，逗得同學們哈哈大笑。

「老師，不是『嘩嘩嘩』，是『花拉拉』。」齊悅笑著說道。

「是『花拉拉』啊，我特意去查了一下，竟然還是說錯了。」葛本納導師笑著說道。

歡笑過後，大家靜靜地看著葛本納導師。

「我看介紹說，這個『花拉拉』扮演者的頭銜很多，『最年輕影后』、『宅男女神』……這應該是個大明星吧？」在了解明星這件事上，葛本納導師顯然是個門外漢。

「就是一個流量明星，顏值就那樣，演技也普通。」馬鵬偉不屑地說。

「我覺得蠻好的啊，長得好看，演得也好啊。」林凱給出了與馬鵬偉截然不同的結論。

「那是你覺得。」馬鵬偉對著林凱說道。

「哦，對，流量明星，這就是我們要講的內容。為什麼流量明星會這麼紅？」葛本納導師接過了話題，兜兜轉轉後終於揭開了本節課要講的主題。

「現在基本上能夠大紅的電視劇，都會擁有一兩位流量明星，這似乎已經成了你們這個時代的『爆紅標配』了。那些製片方願意花大價錢，請一兩位流量明星。為什麼會出現這種現象呢？」葛本納導師問道。

「觀眾愛看唄，現在的電視劇跟速食一樣，無法細細品味，也就看看模樣。」馬鵬偉一臉世故地說道。

「這位同學看來對當下的電視劇行業了解頗深啊。」葛本納導師讚揚道。

「他？他就喜歡看那齣《甄嬛傳》，看了四遍還想看。」盧方娜嘲諷道。

「那部劇拍得確實好，主角有演技，配角能配戲，劇情也沒得挑，不像一些青春偶像劇，又是霸道總裁，又是芭樂愛情的。」被盧方娜激起鬥志的馬鵬偉有條有理地說道。

「很好很好，製片方選擇流量明星的背後其實也是一種『傾向性』在發揮作用。在進行文化指標研究時，我們著重對資訊系統進行了分析。在分析過程中，我們發現美國的傳播媒體在總體上反映了占統治地位的消費群體的利益、觀念和價值。這一點放在你們這個時代的電視劇行業也是一樣，電視劇選擇流量明星做主角，很大程度上也是為了迎合市場受眾。」葛本納導師解釋道。

「在研究過程中，我們曾對 821 部電視劇和電視節目中的 11,754 個出場人物進行過分析，發現其中 25 ～ 45 歲的人超過半數，而 18 歲以下的

青少年和 65 歲以上的老年人則相對較少。這是由觀看電視劇的人群主要是 25 ～ 45 歲的人所決定的。」葛本納導師繼續說道。

「您所說的『傾向性』體現在哪裡呢？」盧方娜問道。

「這裡我要說的傾向性主要是媒介資訊系統的整體傾向性。在我們那個時代，電視劇的主角多是 35 ～ 45 歲的白人男性，這是因為這個階層代表了美國占統治地位的核心價值，而電視劇中的老人形象不僅存在感較弱，而且多是反面人物。」葛本納導師解釋道。

「到了你們這個時代，大眾傳播媒介青睞流量明星也是同樣的道理。沒有流量明星的電視劇沒有市場，這樣製片方自然會千方百計地找流量明星來演戲。至於靠演技，還是靠顏值，很多時候人們更多的是注重收視率。

媒介資訊系統的整體傾向性說明，傳播媒介所展現的『象徵性現實』是根據一定的價值體系結構來安排的。如果再去仔細分析電視劇中的各種形象，我們會發現一些更為有趣的社會影響。」葛本納導師繼續說道。

「我們先來說一說老人的形象。在你們接觸到的電視劇中，老人大多是一種怎樣的形象？」葛本納導師問道。

「最近很紅的那部電視劇裡面的老父親，完全就是個『老糊塗』的形象。讓人又好氣又好笑。」林凱說道。

「還有其他形象嗎？」葛本納導師追問道。

「現在電視劇裡面的婆婆形象通常都是比較厲害的，欺負媳婦的那種。」齊悅補充道。

「那你們認為這些電視劇中的老人形象，與現實生活中的老人形象相比，出入大嗎？」格伯納導師繼續問道。

「我覺得不大，婆婆一般都是比較厲害的。」齊悅迅速給出了自己的答案。

「應該有一定的差距吧，感覺沒有電視裡表現得那麼誇張，但也差不多吧。」盧方娜與齊悅持有相同的觀點。

「看樣子大家是電視劇看得有點多了。在我看來，電視劇中的老人形象與現實中的老人形象並不是完全相同的。前面說到媒介資訊系統是具有傾向性的，在電視劇中，需要將老人的形象塑造成『非善意的模樣』，接觸電視越多的人，就會越傾向對老人做出『非善意的』否定性判斷。」葛本納導師解釋道。

「大眾傳播媒體的內容都具有特定的價值和意識形態傾向。很多時候，這些傾向並不是以說教的形式展現的，而是以一種更娛樂的形式傳達給受眾，比如看電視、玩遊戲等。人們的現實觀和社會觀會在這種潛移默化之中形成，到最後大多數人對此依然一無所知。

這正是我前面說到的每個人都在被大眾傳播所影響，越來越多新出現的大眾傳播媒體正無遠弗屆廣泛『培養』著人們。」葛本納導師總結道。

第十三章　喬治・葛本納導師講「電視教養理論」

第十四章

菲利普·J·蒂奇諾爾導師講「知識鴻溝理論」

在本章中，菲利普·J·蒂奇諾爾導師為同學們帶來了「知識鴻溝理論」。作為當前影響頗深，而且可能會持續加深影響的一種理論——「知識鴻溝」理論與每個人息息相關。蒂奇諾導師從「芝麻街」的失敗講起，從報刊時代的「知溝」，講到訊息時代的「知溝」，為同學們構築了一套完整的「知溝理論」學習路徑。沿著這條路徑，同學們可以更好地理解這一理論在當今時代的諸多表現，也能在一定程度上規避這一理論的不良影響，縮小與他人的差距。

菲利普‧J‧蒂奇諾爾

　　(Phillip J. Tichenor，1931 年 7 月 31 日～)，美國明尼蘇達大學新聞與大眾傳播系教授。其與兩位同事一同提出了「知識鴻溝理論」假設，世界範圍內大眾傳播「知識鴻溝」現象的研究正是由此開始的。

　　知識鴻溝理論認為，由於社會經濟地位高的人經常能比社會經濟地位低的人更快地獲得訊息，所以大眾媒介傳遞出來的訊息越多，這兩種人之間的知識鴻溝就會越大。蒂奇那教授及其同事針對這一理論發表了很多具有影響力的學術論文，對該理論的傳播和發展造成了重要的推動作用。

第一節　《芝麻街》的失敗

　　「當人們在慶祝科技進步所帶來的大眾傳播媒體的技術革新時，我並沒有那麼開心，因為我知道又將會有一大批人被遠遠地甩在後面。」一開始，蒂奇那導師就發出了感慨，這讓課堂中的同學們感到有些困惑。

　　「為什麼會有人被甩在後面呢？」林凱問道。

　　「因為這些人的知識量並不會增加或增加得很慢，而其他一些人的知識量會在技術的支持下獲得顯著提升。這正是『知識鴻溝理論』的重要表現。

　　本週的傳播學課程，我將會為大家詳細介紹『知識鴻溝理論』，雖然只有這一個理論，我依然覺得四節課的時間過於短暫。」蒂奇那導師說道。

「傳播媒體的普及和推廣，不是應該提高整個社會的教育程度嗎？每個人都會在其中有所收穫，不是嗎？」林凱繼續問道。

「沒錯，但這種收穫對於一些人來說，並沒有太大作用。這就像是『逆水行舟』一樣，他們並沒有進步，而是相對退步了。」蒂奇那導師繼續解釋道。

「這又要怎麼理解呢？」林凱似乎依然沒有明白蒂奇那導師的話。

「或許我用一些大家生活中的案例來解釋這個問題會更加清楚一些。」蒂奇諾導師發現自己的論述似乎並沒有被同學們理解，他決定用舉例子的方法進行說明。

「來到這裡之前，我發現外面的社區周圍到處可見兒童補習班的招牌，你們小的時候也經常去上這些補習班嗎？」蒂奇那導師問道。

「小時候我們村裡可沒有這麼好的教育資源。」馬鵬偉苦笑道。

「我小時候倒是去上過才藝課，主要是學數學的。」李文文回答道。

「這位女同學的學習成績應該會比這位男同學好一點吧？」蒂奇那導師問道。

「哪裡是好一點啊，簡直是天上一個，地下一個。」盧方娜的回答引得大家哄堂大笑，蒂奇那導師也跟著笑了起來。

「我這麼說並沒有別的意思，事實上，在 1960 年代的美國，這種現象就是非常普遍的。一些家庭富裕的小朋友在進入小學前就接受過幼兒教育，而那些家庭貧困的孩子不僅沒有啟蒙圖書看，上學的時間也要更晚一些。小學階段，有錢人家的孩子和貧困人家的孩子在學習能力和成績上就會產生一定的差距。這一點放在現在的孩子身上，應該也不會有太大改變吧。」蒂奇那導師解釋道。

「起跑線不同，在學習過程中自然會有差距啊。」馬鵬偉說道。

「沒錯，確實是起跑線不同。當時在美國，為了解決這個問題，政府曾經推出過一個推動教育公平的計畫，主要做法就是製作一檔名為《芝麻街》的兒童啟蒙教育電視系列片，利用當時已經風靡全美國的電視機，讓全國的兒童都可以看到這檔節目。這樣一來，貧困人家的兒童也能提前接受啟蒙教育。看上去這是個不錯的主意。」蒂奇那導師說道。

「那結果呢？」盧方娜問道。

「我們對這一節目的實際播放效果進行過研究，結果有些不盡如人意。從直接效果上來看，有錢人家的孩子和貧困人家的孩子都透過觀看節目獲得了良好的教育效果。但從具體播放數據來看，觀看和利用這檔節目最多的還是有錢人家的孩子。」蒂奇諾導師解釋道。

「那這不就相當於將兩種孩子的起跑線都向前移動了同樣距離嗎？」馬鵬偉大聲說道。

「並不是這樣的。實際的結果是有錢人家孩子的起跑線比貧困人家孩子的起跑線向前移動了更多距離。」蒂奇諾導師說道。

「那這部本著推動教育公平的電視片不就造成了反作用嗎？為什麼會這樣呢？就是因為有錢人家的孩子能夠更方便接觸到這些內容嗎？」盧方娜對這種結果顯然不太理解。

「確實，這檔節目失敗了。至於原因，你提到的有錢人家的孩子更容易接觸到這一內容算是一個，除了這一方面因素，還有其他因素。

這種情況在你們生活的這個時代也是普遍存在的。看上去大眾傳播可以將同樣的知識訊息送到每一個人身邊，人們想要接觸或利用這些訊息知識並不困難，似乎大眾傳播媒介越發達、越普及，人們接觸和利用訊息知識就越方便，越不容易出現不平等現象。大多數人只看到了上面這些表

現，卻沒有注意這些情況所帶來的結果並沒有這麼簡單。」蒂奇諾導師強調道（如圖 14-1 所示）。

「這就是您所說的『知識鴻溝理論』嗎？」李文文問道。

「沒錯，在一系列實例論證後，我和朋友提出了這一理論假設。『知識鴻溝理論』認為，由於社會經濟地位高的人經常能比社會經濟地位低的人更快地獲得訊息，所以大眾媒介傳遞出來的訊息越多，這兩種人之間的知識鴻溝就會越大。在下一節課中，我們將深入分析導致這種情況產生的原因。」蒂奇那導師說道。

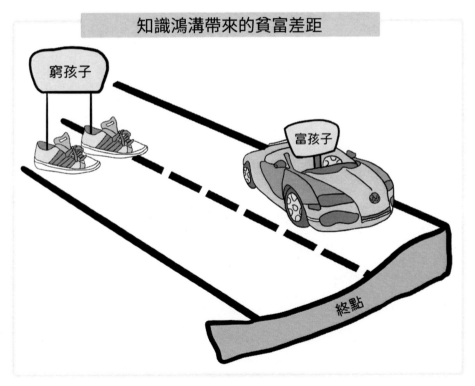

圖 14-1 知識鴻溝帶來的貧富差距

第二節　我們是如何一步步落後的

「在上節課中，我們主要談論了『知識鴻溝理論』的內容，並沒有對引發這種情況的原因進行詳細說明。在這節課，我們就來探討一下『知溝』出現的原因吧。」蒂奇諾導師說道（如圖 14-2 所示）。

傳播學家語錄：
媒介總是系統性地向某些受眾傳遞資訊，具有更高社會地位、經濟地位的人總是比其他人更容易獲得更多更佳的資訊。

圖 14-2 知識鴻溝理論

「不是有錢和沒錢導致的嗎？這種原因知道了也很難解決啊。」馬鵬偉接過蒂奇那導師的話說道。

「有錢沒錢的問題解決不了嗎？這位同學似乎有些過於悲觀啊，年輕人應該自信點。」蒂奇那導師非但沒有生氣，反而回應了馬鵬偉的回答。

「經濟條件方面的問題只是『知溝』產生的一個因素，這一點我在前面也提到了。經濟條件方面的問題不好解決嗎？實現了共同富裕不就解決了嘛！」嚴肅的蒂奇那導師竟然開起了玩笑，課堂氣氛瞬間輕鬆許多。

「導致『知溝』出現和擴大的原因多種多樣，仔細思考其實並不難尋找，大家可以自由發言，我們一起來討論分析一下。」蒂奇那導師決定將

課堂的發言權交給同學們。

「我覺得知識儲備量應該算是一個原因。一般來說，知識儲備多的人接觸新知識會更容易一些，而知識儲備少的人在接觸新知識時，可能需要多花費一些時間。」盧方娜第一個站起來發言。

「我看大家都在點頭，看樣子是認可這位同學的答案了，我也覺得這算是一種導致『知溝』擴大的原因。」蒂奇那導師認同了盧方娜的觀點。

「跟這個原因相關的還有一點，就是每個人的閱讀和理解能力。我們想要獲得訊息知識需要一定的閱讀和理解能力，不同的人在這些方面的技能是不一樣的，所以他們獲得訊息知識的結果也是不同的。」盧方娜繼續說道。

「這個答案我認為也沒有問題。這位同學說的兩個原因，都是與個人能力關聯比較緊密的，這些確實都是影響個人獲取訊息知識的原因。大家還有從其他角度尋找到的原因嗎？」蒂奇那導師問道。

「跟生活環境、工作環境應該也有一些關係。生活在大城市的人在訊息知識獲取上會比生活在小城市的人要更方便一些，而且很多時候他們所獲得的訊息都是第一手的訊息，等傳播到小城市時，訊息知識可能已經不是原來的樣子了。」李文文說道。

「這方面的因素確實也存在，但我覺得把定位放在訊息的選擇性接觸、理解或記憶上會更好一些。比如說，對於網際網路技術方面的訊息，這一行業內的人在獲取起來要更方便快捷一些；懂得越多不同行業知識的人，在獲取對應行業知識時，也會更容易一些。進一步說，就是那些生活層次和水準與媒介內容越接近的人，對媒介的接觸和利用程度就越高。」蒂奇那導師補充道。

「如果這樣說的話，那社交範圍也應該算是『知溝』擴大的影響因

素。如果一個人的社交範圍很大，擁有不同行業的朋友，那他獲取訊息知識也會比別人便捷很多。」在蒂奇那導師的啟發下，李文文似乎又想到了新的答案（如圖 14-3 所示）。

圖 14-3 導致知識鴻溝擴大的各種原因

「社交範圍的差異確實是『知溝』擴大的一個原因，這位同學能夠從我的論述中想到這一點，思維很靈活。除去上面這些原因，還有一個原因大家沒有提到，有哪位同學想到了嗎？」稱讚了李文文後，蒂奇那導師提示同學們還剩最後一個原因。

「是大眾傳播媒體不同導致的嗎？」齊悅小聲回答道。

「大眾傳播媒體如何不同，這位同學能進一步說一說嗎？」蒂奇那導師問道。

「現在主要的大眾傳播媒體是網際網路，但我媽媽就不會用網路，這樣她獲得的訊息知識就會比那些會使用網路的人少很多。還有那些不識字的人，他們也沒辦法透過報紙和圖書獲得訊息知識，這樣他們與其他人的差距不就越來越大了嗎？」齊悅敘述得有條有理。

「很好，這位同學的敘述非常準確，這就是造成『知溝』擴大的最後一個原因。將這些原因歸結到一起，我們會發現，其實根本的原因還是在社會經濟地位上，那些處於較高社會經濟地位的階層，在獲得訊息知識方面始終處於有利位置。」蒂奇那導師總結道。

「那說到底不還是有錢沒錢的問題，這始終是一個不好解決的問題。」馬鵬偉又重複了上課之初說過的話。

「這位同學對自己還是沒有自信啊，提高自己的社會經濟地位並沒有那麼難，你只要認真聽每一節課，假以時日很容易就能解決沒錢的問題了。」蒂奇那導師也跟馬鵬偉開起了玩笑。

「這種『知識鴻溝』會一直擴大下去嗎？」在眾人哄笑之時，林凱突然提問。

「你是怎麼認為的？」蒂奇那導師反問道。

「我覺得總會有一個上限，使得這種『知識鴻溝』消失。」林凱回答道。

「現在時間剩餘不多了，關於這個問題，我們放在下節課討論，這位同學到時候可以好好論述一下你的觀點。」蒂奇那導師似乎覺得林凱提出的問題並不是三兩句話可以解釋的，決定將這一問題放在下節課中解決。

第三節 「知識鴻溝」能被填平嗎

「上節課我們似乎留下一個問題沒有解決。關於『知溝』是否會消失，有同學給出了肯定的回答，其他同學有不同看法嗎？」蒂奇那導師問道。

「我認為如果按照現在這種社會發展趨勢來看，整個社會的『知溝』會逐漸擴大，不可能會消失。」盧方娜堅定地回答。

「那麼，有多少同學支持『知溝』會繼續擴大這種說法呢？」蒂奇那導師繼續問道。

在蒂奇那導師提問後，同學們陸續舉起手，最終有三分之二的同學支持「知溝」會持續擴大這一說法。

「我也是支持『知溝』會持續擴大這一說法的，但鑑於還有一部分同學認為『知溝』會消失，我們不妨再討論一下這個問題。哪位認為『知溝』會消失的同學先來說說，你的依據在哪裡？」蒂奇那導師似乎並不打算作為中立者，他率先選擇了自己的陣營。

「我認為人們對知識的追求不是無止境的，當他的知識量達到某種程度時，知識量的增加速度就會逐漸衰減，最後甚至會停止。不同的人經歷這個過程的時間可能有所不同，但從結果上看，大家都會達到同一種程度。所以最終『知溝』是會消失的。」林凱詳細論述了自己的觀點。

「你說的『這種程度』是什麼概念？」盧方娜向林凱問道。

「也可以說成是『上限』，知識量達到上限後，人們就不會再去追求獲取訊息知識了。這和人吃飯吃到上限，吃飽了不會再吃是一樣的。」林凱為自己說的「上限」列舉了一個不那麼恰當的例子，引得同學們笑了起來。

「吃飽了還有人繼續吃呢，不然『吃飽了撐的』是怎麼來的？」馬鵬偉又開起了玩笑。

「吃飽了撐的就是到了上限！」林凱的回答頗為嚴肅。

「你的意思是說，那些社會經濟地位高的人獲取訊息知識很快，但同時他們達到『上限』的時間也很快。而社會經濟地位低的那些人雖然獲取訊息知識的速度慢，但只要時間足夠，他們依然可以達到『上限』，追趕上社會經濟地位高的人。但是，這種『上限』究竟是什麼？是誰確定了這種『上限』呢？」李文文以富有邏輯的論述向林凱發起「攻擊」。

「這種『上限』是約定俗成的，我舉個例子來說。一個人準備參加法律職業資格考試，那他只要花時間把要考的幾門科目內容全部記下來就夠了。記住了全部內容，那就說明達到了『上限』。可能有的人達到這種『上限』只要半年，有的人達到『上限』卻需要一年，但到最後他們的水準是一樣的。」林凱採用例證法展開回擊。

「你這是用個例代替整體，跳出這個範圍，你的例子就沒有意義了。」李文文似乎沒想好具體的回擊手段，只得倉促應對（如圖 14-4 所示）。

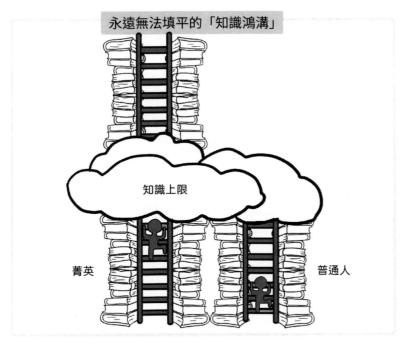

圖 14-4 永遠無法填平的「知識鴻溝」

「別的例子也是有的，還有很多種可能可以證明我所說的內容。如果一個人自身的知識水準已經超過了大眾傳播的內容，那他就不會再透過大眾傳播去獲取知識，這樣他便會停下來。此外，如果某個社會經濟地位高的人覺得自己已經獲得了足夠多的知識，那他也會自動減慢或停止追求訊息知識的腳步。在這種情況下，也可以認定他們已經達到了『上限』。」林凱繼續展開進攻。

「剛剛你說的兩點論據明顯站不住腳。首先，知識的上限在哪裡，你知道嗎？知識的上限都尚且未知，怎麼能有人的知識超過大眾傳播的內容呢？其次，某個人覺得自己達到了『上限』，便會停止追求剩下的知識，那其他人呢？其他人的『上限』如果比他高，那知識的差距不就又出現了嗎？所以你這兩點論述根本是不成立的。」盧方娜對著「蛇的七寸」發起了猛烈攻擊。

「那即使不用後面這兩個論據，前面的例子也是成立的，你們又怎麼說呢？」林凱繼續頑強抵抗。

在雙方的爭論中，整個課堂瀰漫著「硝煙」，感覺到大家討論的已經足夠充分，蒂奇那導師決定拿回話語權。

「好了，大家說得都很好，下面聽我說幾句。」蒂奇那導師說道。

「這位男同學的觀點其實早在我所生活的時代就已經出現了，這種理論被稱為『上限效果』假說，其似乎是專門為了和我們的『知識鴻溝理論』唱反調才被發明的。男同學提到的考試的例子確實可以說明這種『上限效果』理論，但不知道你是否想過，如果把這個例子放到人的一生中，而不是一次考試中，你的結論是否還會成立？」蒂奇那導師解釋道。

「放在人的一生中，『上限』也是存在的。」林凱回答道。

「在人一生追求知識的過程中，這種『上限』是否存在，我覺得應該

畫上一個大大的問號。你提到的個人追求特定知識會達到飽和，這一點是可以理解的，但經歷了飽和之後就停止追求知識的觀點，我是不認同的。

此外，即使像你說的，『上限』是存在的，那麼，當社會經濟地位高的人先達到『上限』，而社會經濟地位低的人還沒達到『上限』，這段時間會發生什麼呢？是不是會發生知識的價值被社會經濟地位高的人利用殆盡的情況，這樣等到社會經濟地位低的人獲得了全部知識，達到了『上限』，也沒有太大意義了。

所以我認為可以消除『知識鴻溝』，從而實現整個社會的『知識平均化』這個觀點，只是在紙上談兵而已。」蒂奇那導師總結道。

第四節　資訊社會中的貧富差距

「當前時代的『知識鴻溝』已經與我們那個時代完全不同了。我們那個時代的人們就知道『知識是力量』的道理，在你們這個時代，大家對這個道理的體會應該更加深刻了吧。」蒂奇那導師頗有感觸地說道。

「這正是我們在這裡聽課的意義所在啊。」馬鵬偉的相聲表演又開始了。

「沒錯，為了防止自己資訊知識匱乏，你們必須認真聽課，抓緊時間學習。」蒂奇那導師說道。

「您不是說『知識鴻溝』解決不了嗎？聽課又有什麼意義呢？」林凱在上節課遭到「攻擊」後，也加入了馬鵬偉的相聲團隊。

「我發現了『知識鴻溝』的存在，但解決方法卻並不是那麼簡單就能獲得的。到了你們這個時代，『知識鴻溝』的說法已經不那麼準確了，隨著科學技術的發展，『資訊鴻溝』、『數字鴻溝』的到來，將讓你們進一步體會到『知識鴻溝』的可怕之處。」蒂奇那導師似乎想要在「知識鴻溝」之外講一些其他內容。

「能給我們講一講這兩方面的內容嗎？」李文文問道。

「當然可以，雖然這並不是我的研究成果，但它們與『知識鴻溝理論』是一脈相承的。希望在我講完這些內容之後，大家不要過分焦慮，而是要更加努力。」蒂奇那導師擔心同學們會因為自己所講的內容產生焦慮感，這種想法似乎是多餘的。

「伴隨著資訊技術的發展，『資訊溝』理論產生了。其主要有四個方面的內容：一是新的傳播技術會帶來社會資訊流通量和接觸量的增加；二是並非每個社會成員都能均等地獲得新技術帶來的利益；三是更早使用先進機器的人比其他人更具優勢；四是新媒介技術導致資訊更新換代週期縮短，人與人之間的差距越來越大。」蒂奇那導師完整地介紹了「資訊鴻溝」的具體內容。

「我能理解新的傳播技術帶來更多訊息量這一內容，但為什麼每個社會成員不能均等地獲得新技術帶來的利益呢？」盧方娜問道。

「原因很簡單：想要採用先進技術，就需要擁有一定的經濟與資源條件，而在現實社會中，這些經濟與資源條件的分配是不均等的。」蒂奇那導師解釋道。

「資訊能力本來就比較弱的人在面對先進媒介技術時也會落後，這與『知識鴻溝理論』是相同的。」李文文補充道（如圖 14-5 所示）。

「沒錯，正是如此。具有較高資訊獲取能力的人，通常也會更積極地利用新的媒介技術獲得資訊。」蒂奇那導師說道。

「無論是『知溝』，還是『資訊溝』，它們的存在和擴大都與新媒介技術的應用有關，而這在深層次上則與經濟條件密切相關。到了數字化時代，也就是你們生活的時代，數字技術的應用又帶來了『數字鴻溝』。

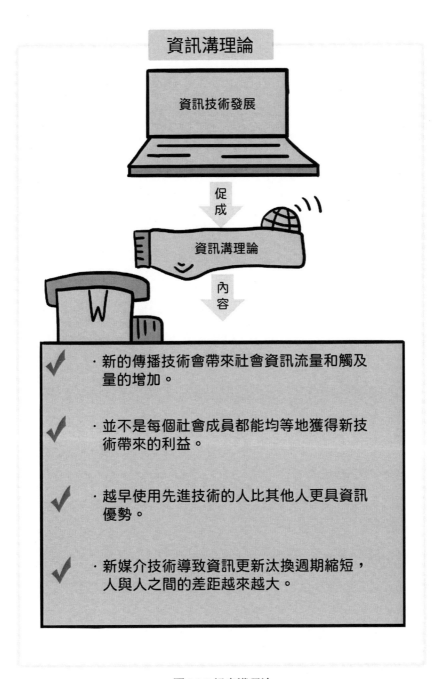

圖 14-5 訊息溝理論

『數字鴻溝』理論認為，在接觸和使用網際網路基礎設施和設備方面，經濟地位高的人占據著明顯的優勢；在使用網際網路處理資訊的基本知識和技能方面，受教育程度高的人占據著明顯優勢；在網際網路內容特點和資訊服務對象方面，年輕人更多地獲益；而在上網意願和動機上，大多數人都是不同的。

這種『數字鴻溝』其實就是『知溝』和『訊息溝』在數位化時代的一種延伸。如果真到了智慧時代，還有可能會出現新的『鴻溝』。」蒂奇那導師預言。

「如果這種『數字鴻溝』繼續擴大，那社會的貧富差距就會越來越大嗎？」齊悅問道。

「不能否認，這是當前存在的客觀現實。在原始社會中，『知溝』的差距讓人們幾乎察覺不到，而到了我生活的時代，『知溝』對人類的影響已經非常明顯。現在到了你們這個時代，『數字鴻溝』將會更加明顯地表現在貧窮和富貴階層之間，貧者更貧，富者更富，應該與此相關。」蒂奇那導師解釋道。

「除了會表現在貧窮和富貴階層之間，『知識鴻溝』還會廣泛表現在性別、年齡、行業、職業、民族和國家之間，從而導致不同性別、不同年齡、不同行業之間普遍存在一些差異。」蒂奇那導師補充道。

「幸運的是，現在傳播學已經對這些內容進行了深入研究，縮小和改善這些差距的對策也正在不斷被討論，相信不久的將來，大家應該會遠離『知識鴻溝』的影響。但在現階段，在具體對策沒有找到之前，大家唯一能做的就是不斷提升自己各方面的能力，到了真正需要的時刻，只有我們自己能夠幫助自己。」蒂奇那導師總結道。

第十五章
伊麗莎白‧諾艾爾-諾依曼導師講「沉默的螺旋」

在本章中，伊麗莎白‧諾艾爾-諾依曼導師為同學們帶來了自己的經典理論「沉默的螺旋」。她現身說法，為同學們揭開了「沉默的螺旋」的神祕面紗，而在最後一節課中，她還與同學們探討了跳出「沉默的螺旋」的方法。

伊麗莎白・諾艾爾 - 諾依曼

　　（Elisabeth Noelle-Neumann，1916 年 12 月 19 日至 2010 年 3 月 25 日），德國著名政治學家，曾在哥廷根大學學習哲學、歷史及新聞學課程，後又在柏林洪堡大學、柯尼斯堡大學和密蘇里大學任教。

　　1972 年，伊麗莎白・諾艾爾 - 諾依曼在《重歸大眾傳播的強力觀》一文中提出「沉默的螺旋」理論。隨後，她又在《沉默的螺旋：輿論 —— 我們的社會皮膚》中對「沉默的螺旋」理論進行了詳盡闡述。

第一節　少數意見與多數意見

　　「我應該是唯一一位為大家講課的女性導師吧，這讓我感到非常榮幸。當然，大家能夠親耳聽到我為你們講述『沉默的螺旋』理論，也應該感到很榮幸。」諾依曼導師微笑著說道。

　　「好了，我就不開玩笑了。在正式開始講課之前，我想先問大家一個問題：如果讓你們對蒂奇那導師上週的課程進行點評（好或不好），你們打算怎樣評價？認為好的同學可以舉手示意。」諾依曼導師說。

　　課堂中有不到三分之二的同學舉起了手。

　　「很好，我大略看了一下，有些同學還沒舉手，看樣子是蒂奇那導師所講的課程並沒有讓你們滿意啊。這樣，大家一會兒再舉一次手，我仔細看看到底有多少同學認為上週的課程是好的。」諾依曼導師再次要求大家做出選擇。

　　這一次，課堂中舉手同學的數量明顯超過了三分之二，只有少數幾個

同學沒有舉手。相比第一次統計，舉手的同學明顯多了起來。

「這一次舉手的同學已經超過三分之二了，只有少數幾位同學沒有舉手。難道沒有同學好奇為什麼第二次舉手的同學比第一次多了一些嗎？」諾依曼導師問道。

對於諾依曼導師的提問，大家都陷入沉默。

「第二次舉手的同學比第一次多，說明有些同學轉變了心意，這一點很好理解。但是為什麼在短短不到 1 分鐘的時間裡，這些同學就會從認為『上週的課程不好』轉變到認為『上週的課程好』呢？」諾依曼導師繼續問道。

「是受別人的影響了嗎？」林凱問道。

「是的，他們確實受到了別人的影響。」諾依曼導師回答道。

「那是誰影響了他們呢？」林凱繼續問道。

「可能有的同學認為是我的表述影響到了他們，但我想說的是，真正影響到他們的人其實是那些舉手的大多數同學。」諾依曼導師強調。

「在這種現象背後所體現的，正是本週我們要講述的『沉默的螺旋』理論。在 1965 年的聯邦德國議會選舉中，也曾出現過這種情況。」諾依曼導師繼續說道。

「當時參與競選的一方是社會民主黨，另一方則是基督教民主聯盟和基督教社會聯盟的聯合陣線。在整個競選過程中，雙方的支持率始終相持不下，一方占據優勢後，很快另一方又會迎頭趕上，所有人都在焦急地期待著投票後競選結果的公布。

最終的結果是：基督教民主聯盟和基督教社會聯盟共獲得 49.5% 的初步選舉投票，社會民主黨只獲得 38% 的初步選舉投票。原本是勢均力敵的

雙方，最後竟然是一方以壓倒性優勢戰勝了另一方。」說到這裡，諾依曼導師的語氣加重了一些。

「是之前計算選舉支持率時出現了問題嗎？」盧方娜問道。

「我也曾有過這樣的懷疑，所以對選舉期間追蹤調查的全部數據進行了重新分析，結果顯示雙方在競選期間的選舉支持率計算是沒有問題的，一直到投票前，雙方的支持率都沒有發生明顯變化。但我發現，有一件事情發生了明顯變化。」說完，諾依曼導師稍稍停頓了一下。

「是參與選舉的人的心理發生改變了嗎？」盧方娜繼續問道。

「可以這麼說，或者更明確地說，是一些人對獲勝者的『估計』發生了改變。事實上，在投票選舉之前，認為基督教聯合陣線會獲勝的人始終在不斷增多，到了投票那一天，這些人的數量增加到了最多。」諾依曼導師說道（如圖 15-1 所示）。

圖 15-1 多數意見影響少數意見

　　「難道說是因為原本支持社會民主黨的選民，認為最後的選舉會由基督教聯合陣線獲勝，所以他們改變了主意，把選票投給了基督教聯合陣線嗎？」李文文問道。

　　「沒錯，正是如此。」諾依曼導師回應道。

　　「即使如此，為什麼會有如此多的人改變主意呢？這不是很不正常嗎？」李文文繼續問道。

　　「這確實有些不正常，正如在上課之初我讓大家進行的選擇一樣，評價上週課程的好壞，為什麼有的同學會產生意見動搖呢？原因就在於他們受到了『多數意見』的影響，他們不想作為少數派，陷入孤立狀態中，他們需要在周圍環境中獲得支持，成為『多數意見』的一分子。」諾依曼導師說道。

　　「這正是『沉默的螺旋』理論的重要表現。在社會生活中，這種現象是很常見的。在下面的兩節課中，我們將詳細分析『沉默的螺旋』理論發揮作用的內在因素；而在最後一節課中，我們會講一講大家身邊的『沉默的螺旋』現象，同時探討一下如何去規避這種現象。」諾依曼導師總結道。

第二節　無處不在的「沉默的螺旋」

　　「在 1965 年選舉後，我們又將 1972 年的聯邦德國大選作為樣本進行了研究。在選舉過程中，雙方的支持率依然不相上下，始終處於膠著狀態。但與 1965 年的情況正好相反，這一次選民們對社會民主黨獲勝的預期伴隨著選舉活動的進行而不斷提高，最終社會民主黨一方以壓倒性優勢贏得了競選。」諾依曼導師說道。

「那這種『沉默的螺旋』現象究竟是如何出現的呢？」盧方娜問道。

「在 1972 年的選舉中，社會民主黨的支持者和基督教聯合陣線的支持者表現出了完全相反的熱情。社會民主黨的支持者們經常出入公共場合，而基督教聯合陣線的支持者們則較少活動，這就導致了普通市民直觀地認為是社會民主黨的支持者更多一些。

由此，那些認可社會民主黨主張的市民便會認為自己所想的內容都是合理的，進而他們就會更加大聲、更加自信地說出自己的想法；相反，那些不認可社會民主黨主張的市民會認為自己屬於少數派，自己受到了孤立，進而陷入沉默。

這種行為會導致一種現象，那就是認可社會民主黨主張的人數要多於其實際支持者，而反對社會民主黨主張的人數要少於其實際反對者。一方不斷大聲表明自己的觀點，而另一方始終保持沉默，這樣的現象不斷循環後進入到螺旋狀態，最終會導致輿論中優勢意見占據主導地位，其他意見紛紛『失聲』，並逐漸消失。」諾依曼導師解釋道。

「這樣看來，『沉默的螺旋』所說的就是少數意見服從於多數意見了。」馬鵬偉說道。

「這位同學可以詳細說一下你的觀點。」諾依曼導師示意馬鵬偉繼續說下去。

「比如說我們高三畢業班要辦畢業一週年聚會，很多人在群組裡積極回應，但其實還有不少人是不想去的。在這種時候，群組裡更多的是那些想去的人在積極發聲，而不想去的人基本不說話，最終結果就是大多數人都去參加聚會了。這應該是一種『沉默的螺旋』所導致的少數意見服從多數意見的結果吧。」馬鵬偉解釋道。

「個人意見的表達是一個社會心理過程，身為社會性動物，人總會在

周遭環境中尋求支持，因為這樣可以讓他們遠離被孤立的命運。為了防止被孤立，人們在表明自己的觀點之前，總是需要充分觀察周圍環境。

如果人們發現自己的觀點屬於多數意見，他們就會積極大膽地發聲；但如果人們發現自己的觀點屬於少數意見，他們大多會屈服於周圍環境的壓力，將自己的觀點『吞』到肚子裡，選擇保持沉默或者改變自己的觀點，去附和多數意見。」諾依曼導師說道（如圖 15-2 所示）。

圖 15-2 無處不在的「沉默的螺旋」

「這種現象不就像病毒感染一樣，一個傳染一個嗎？」林凱說道。

「病毒感染？我覺得還是用『螺旋』來表述更為準確一些，社會傳播

就是一個『一方越來越大聲發言，而另一方越來越沉默寡言』的螺旋式過程。」諾依曼導師總結道。

「那現在社會上『輿論一邊倒』的現象，也是『沉默的螺旋』在背後起作用嗎？」林凱繼續問道。

「在我的『沉默的螺旋』理論中，輿論是一種『公開的意見』。簡單來說，只有那些被認為是多數人共有的，並且能夠在公開場合中公開表明的意見才能夠成為輿論。

如果哪種意見成為輿論，那它就將具有一種強制力，與這種意見公開唱反調的人將會陷入孤立狀態。而人們為了防止遭到孤立，就只能在公開言行中避免與輿論發生衝突。可以說，輿論是我們的社會皮膚。

在了解了輿論的概念後，再回到這位同學所提的問題中，我們可以發現，其實不僅是『輿論一邊倒』現象，很多流行和時尚風潮形成的背後，都有『沉默的螺旋』機制在發揮作用。」諾依曼導師解釋道。

「那這種『公開的意見』又是怎樣形成的呢？輿論作為公開的意見具有強大的社會控制能力，那是不是說我們可以透過製造輿論，來達到控制社會的目的呢？」李文文問道。

「你這個問題問得很廣啊，首先說用輿論控制社會這件事，在理論上是存在可能性的，但在具體操作中，需要具備的條件還是比較苛刻的。同時你又問輿論是如何形成的，關於這一點，我相信你們在天天滑社群的過程中應該會有所體悟。這個問題，我們留到下一節課解答吧。」諾依曼導師說道。

第三節 「意見環境」影響輿論

「昨天某某女明星結婚的事情大家都知道了吧？」站在講臺上的諾依曼導師問道。

「當然了，昨天社群都癱瘓了，聽說是奉子成婚呢！」齊悅第一個搶著發言。

「是奉子成婚，有人拍到她去醫院做產檢了呢！」李月欣應和道。

「我兒時玩伴說給她做檢查的護士是她二姨的三姑的女兒。」林青青跟著說道。

圍繞著女明星結婚這件事，課堂頓時熱鬧起來，諾依曼導師一直注視著大家，並沒有說話。等到教室逐漸歸於平靜，諾依曼導師繼續說道：「在昨天之前，好像是上週末，一個老伯和一位女士因為讓座問題發生爭吵，結果老伯心臟病過世的事情大家聽說了嗎？」

「這個事剛發生那幾天蠻紅的，那個女乘客被罵得不行，結果昨天女明星一結婚，這件事的熱度就下去了。」齊悅又是第一個站起來回答了問題。

「這位同學看來對社會熱點事件頗為關注啊。」諾依曼導師說道。

「都是社群媒體推送的，隨便一滑就是，那些內容不想看都往眼睛裡鑽。那個女乘客太過分了，不但不給老人讓座，脾氣還不好。」齊悅回答道。

「是啊，老伯都那麼大年齡了，那女人竟然不讓座，還讓老人離她遠一點，太過分了。」李月欣應和道。

一時間，整個課堂中又響起對女乘客的批判聲，無論是男同學還是女同學，都加入了聲討女乘客的行列。這一次，諾依曼導師及時制止了大家，教室很快安靜下來。

「關於女明星是否『奉子成婚』這件事，我們在這裡就不做討論了。但對於女乘客乘車不讓座氣死老伯這件事，我認為我們有必要從『輿論形成』這個角度好好探討一下。」諾依曼導師說道。

「我想先問一下，在座的各位有誰是這起事件的全程目擊者？」諾依曼導師問道。

一時間，大家似乎被諾依曼導師的問題問住了，很顯然，在座的沒有人目擊整個事件的全過程。

「既然沒有人回答，那應該就是沒有人全程目擊這件事了，既然這樣，你們為什麼就如此肯定這起事件的錯全在女乘客身上呢？」諾依曼導師繼續問道。

「臉書上都有影片啊，好多影片呢，那個女的都和老伯動手了，不是她的錯那是誰的錯呢？」齊悅顯然並不認同諾依曼導師的觀點。

「你確定自己看到的是事件的完整影片嗎？在與老伯動手之前，在女乘客上車之前發生了什麼事你們知道嗎？」諾依曼導師又發出了一連串提問。

「老師您問這麼多問題，是不是想說我們看問題片面了，或者這件事背後另有隱情？」盧方娜直接向諾依曼導師提出了問題。

「至於事件背後是否存在隱情，並不是我關注的重點。說了這麼多，我想表達的觀點只有一個，那就是圍繞著這起事件的輿論並不是經過理性討論獲得的，而是在『意見環境』的影響，或者說壓力作用下形成的。大家的表現只是對『多數意見』採取趨同行動而已。」諾依曼導師解釋道。

「這個『意見環境』指的是什麼？」盧方娜問道。

「你們可以將其理解為『周圍意見分布的狀況』，就是前面我們提到的周邊環境。人們會受到『意見環境』的影響，因為害怕被孤立，而選擇站到『多數意見』那一邊。」諾依曼導師說道。

　　「您是說我們是受到『意見環境』的影響之後才站到了老伯這一邊嗎？我並沒有感覺到有周邊環境對我產生任何影響。」齊悅說道。

　　「你確定沒有嗎？我有些懷疑。人們判斷『意見環境』的主要訊息源有兩個：一是所處的社會群體；二是大眾傳播。在大多數時候，人們更多地會受到大眾傳播的影響。

　　大眾傳播幾乎一手包攬了向人們提供外部世界訊息的活動，它透過多種管道每時每刻不斷報導幾乎相同的內容。在這種情況下，大眾傳播是不可能不對人們的意見甚至是輿論產生重大影響的。」諾依曼導師強調道（如圖 15-3 所示）。

圖 15-3 大眾傳播影響人們的輿論

「那它究竟是如何影響我的意見的？它提供的影片內容清清楚楚地呈現了當時的景象，這與我們在現場不是一樣的嗎？」齊悅說道。

「正是因為社群上一條條影片內容的累積，『意見環境』才會產生。當越來越多的指責女乘客的話語和影片出現後，社交平臺上的『意見環境』就會形成，這時在平臺上的大家就會受到『意見環境』的影響，轉而站在『多數意見』那一邊。」諾依曼導師說道。

「如果這時候在影片下面發表支持女乘客的留言，確實會遭到許多人攻擊，感覺瞬間就被孤立對待了。」林凱說道。

「由此我們可以說，當前，大眾傳播一直在影響和制約著輿論，而它的主要手段就是去營造『意見環境』。」諾依曼導師總結道。

第四節　怎樣才能跳出「沉默的螺旋」

諾依曼導師的最後一堂課，課堂中早早坐滿了學生。經過前面幾節課的講述，大家的興趣完全被激發出來，了解了「沉默的螺旋」，了解了「意見環境」，接下來大家更想知道怎樣才能夠跳出這種「沉默的螺旋」，不再被大眾傳播所制約和影響。

「上面一節課我們講到了大眾傳播透過營造『意見環境』來影響和制約輿論，事實上一個傳播媒介想要真正對人類的環境認知活動產生影響，需要具備特定的條件。綜合前面一節課程的內容，哪位同學能說一說特定條件都有哪些？」諾依曼導師問道。

「持續不斷的同類訊息轟炸應該算一個條件吧，這種方式最惹人煩。」久不開口的馬鵬偉第一個站起來發言。

「循環傳播某些同類訊息，會產生累積效果，讓人們有一種『證據充足、材料詳實』的感覺。」諾依曼導師肯定了馬鵬偉的回答（如圖 15-4 所示）。

傳播學家語錄：
大眾傳播媒介會加快「沉默的螺旋」現象出現，由此對人類的環境認知活動造成影響。

圖 15-4 大眾媒介加重「沉默的螺旋」

「不同的傳播媒介在報導同一事件時，在內容和角度上大致相同。在這種情況下，我很少會去考證這一事件在報導上的真實性。」盧方娜說道。

「內容報導上的高度相似性容易讓人產生共鳴，確實算是一種影響人類環境認知的條件。如果許多不同媒介同時報導一條假新聞，在受眾眼中，這條假新聞無疑就成了真的。」諾依曼導師補充了盧方娜的回答。

「還有其他答案要補充嗎？」即使諾依曼導師再次提問，也沒有同學再站起來回答問題了，大家似乎覺得這兩方面條件已經足夠了。

「其實還有一個重要條件，也會影響人類的環境認知活動。如果媒介訊息的獲取更為便捷，其所傳遞的範圍更加廣泛，也會影響到人類的環境認知活動。正如上節課那位女同學說的一樣，有些內容即使你不想看，它們也會千方百計往你的眼睛裡鑽。」諾依曼導師解釋道。

「上述三個條件的存在，使得大眾傳播媒介對人類的環境認知活動造成了深遠影響。很多時候，大家覺得自己是在被平臺所影響，但實際上影響你們的是平臺上內容的排列手法或是呈現方法。

在當今社會，那些被大眾傳播媒介所強調提示的意見，往往會被看作『多數意見』。在大眾傳播媒介的『意見環境』影響下，多數意見的曝光度會越來越高，少數意見則會受到排擠。現實生活中的人際傳播同樣如此，代表著『多數意見』的輿論正是在這種情況下產生的。」諾依曼導師繼續說道。

　　「您的這段理論，可不可以用上一節課的例子進行解釋呢？」林凱問道。

　　「哪位同學能夠結合我的論述來拆解一下上節課的例子？」諾依曼導師決定讓同學們自己來回答這個問題。

　　「在老伯和女乘客事件中，平臺上大多都是譴責女乘客的內容，雖然也有一些是支持女乘客，或認為雙方都有過錯的內容，但『多數意見』還是譴責女乘客。隨著事件的發酵，社交平臺上幾乎全是譴責女乘客的內容，認為雙方都有錯的聲音少了很多，支持女乘客的聲音更是戛然而止。後面看到這件事的人，再來看或談論這件事的時候，基本都是在譴責女乘客，因為這樣代表大多數，也代表正義，輿論由此誕生了。」李文文回答道。

　　「那這件事到底是誰的錯呢？」林凱似乎並沒有跟大家在同一路徑上思考問題。

　　「在這種情況下，誰對誰錯還重要嗎？哪裡還有人會去關注真相呢？」說到這裡，李文文的情緒顯得有些激動。

　　「不關注真相我們在這裡討論什麼呢？」林凱依然沒有跟上大家的思路。

　　「我們在討論事情為什麼會發展成這樣，但至於如何解決已經變成這樣的事情，我也沒有太好的辦法。」諾依曼導師說道。

「難道這種情況沒有辦法解決嗎？」盧方娜問道。

「當我最初研究『沉默的螺旋』理論時，網際網路還沒有出現，而現在，網際網路的普及程度已經如此之深，在網際網路虛擬環境中，『沉默的螺旋』依然在發揮著作用。至於我們依靠個人去主動抵消這種作用，試想一下在老伯和女乘客事件中支持女乘客的結果吧！」談到這裡，諾依曼導師略顯無奈地說道。

「如果非要說有什麼方法的話，我只希望大家在學習完本週課程後，知道『兼聽則明』的道理！」諾依曼導師總結道。

第十五章　伊麗莎白・諾艾爾 - 諾依曼導師講「沉默的螺旋」

第十六章
馬克斯韋爾・麥庫姆斯導師講「議程設置理論」

在本章中，馬克斯韋爾・麥庫姆斯導師主要介紹了「議程設置理論」。身為這一理論的資深研究者，他從多個角度介紹了這一理論。無論是媒介傳播，還是政府宣傳，都可以看到議程設置的影子。針對同學們的提問，麥庫姆斯導師還為大家分析了議程設置是否萬能的問題，進一步加深了同學們對這一理論的理解。

馬克斯韋爾・麥庫姆斯

　　（Maxwell McCombs，1938 年 12 月 3 日~），美國得克薩斯大學新聞學教授，議程設置理論的主要奠基人之一。其從事議程設置理論研究近三十年，對傳播學發展做出了突出貢獻。

　　議程設置理論認為，大眾傳媒可以透過顯著增加對某一訊息的報導「引導」或「轉移」受眾的注意，從而達到預期的社會效果。當前，議程設置理論已經涵蓋了諸多不同的理論範疇，成為全世界傳播學學者共同關注的重要研究領域。

第一節　大眾傳播的議程設置

　　「很高興能夠搭上這趟『末班車』，成為本學期最後一位給大家講課的導師。對於我要講述的內容，大家其實每時每刻都在接觸，但在座的各位能否真正感知到，那我就不得而知了。」麥庫姆斯導師說道。

　　「本週我要為大家講述的內容是『議程設置』理論。當前的大眾傳播媒介已經無孔不入地滲透進我們的生活之中，無論是工作、學習、生活，還是娛樂，都與大眾傳播存在著密切的關聯。大眾傳播究竟對我們個人和社會產生了怎樣的影響和效果？這些影響和效果又是透過何種方式實現的？這兩個問題是我們本週要討論和解決的問題。」麥庫姆斯導師說道。

　　「這是『議程設置』理論研究的主要內容嗎？」林凱問道。

　　「沒錯，我們將在『議程設置』理論中尋找答案。」麥庫姆斯導師回應道。

　　「『議程設置』究竟指的是什麼？」盧方娜問道。

「關於這一問題，我們首先從字面意思上來理解。我想問大家，從你們早上起床到上第一節課這段時間，有哪些事情是需要你們一一解決的？」麥庫姆斯導師問道。

可能是麥庫姆斯導師的問題沒有問清楚，也可能是大家並沒有想到合適的答案，課堂持續了較長時間的安靜狀態。

「起床之後要解決穿什麼衣服的問題，吃什麼早餐的問題，叫不叫室友起床的問題，去不去上早課的問題……」打破寧靜的馬鵬偉一下子說了很多要解決的問題。

「很好很好，這位同學基本上提到了這段時間有待解決的問題，而且看樣子他還沒有說盡興。」麥庫姆斯導師的回應引得同學們哄堂大笑。

「相信這位同學的待解決事項也適用於其他同學，對於這些事項，哪些是重要的，哪些是不重要的，哪些是緊急的，哪些是不緊急的，不同的同學應該有不同的看法。可能對女同學來說，穿什麼衣服是最迫切最重要的事情，而對男同學來說，吃什麼早餐或是去不去上課才是最重要的事情。因此，我們每個人心中其實都有一張『日程表』。」麥庫姆斯導師繼續說道。

「我們需要解決的事件是按照個人想法記錄在這張『日程表』上的嗎？」盧方娜問道。

「沒錯！每個人的『日程表』都中都記錄著各式各樣的事件，這些事件按照一定的順序排列。伴隨著時間的推移，我們會逐一去解決這個『日程表』上記錄的事件。」麥庫姆斯導師回應道。

「是我們的個人判斷決定了『日程表』上各事件的排列順序嗎？」盧方娜繼續問道（如圖 16-1 所示）。

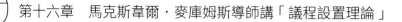

圖 16-1 大眾傳播影響個人議程設置

「可以這麼說。每個人對各種事件的重要性和優先性有著自己的判斷，他們會根據自己的判斷和認知，去安排各種事件在『日程表』上的順序。」麥庫姆斯導師說道。

「那這種判斷和認知是怎麼得來的呢？」盧方娜繼續追問。

「我想聽一聽大家的想法，你們認為這種判斷和認知究竟來源於哪裡？」麥庫姆斯導師又將問題拋給同學們。

「應該來源於個人的經驗和閱歷吧，這是我們做判斷的主要依據。」李文文回答道。

「也可能有情感上的考量，有的事情不合常理，但出於感性，也有人會去做。」齊悅回答道。

「還有其他答案嗎？」麥庫姆斯導師繼續問道。

面對麥庫姆斯導師的提問，沒有人作出反應。

「看樣子是沒有同學回答了，大家應該都比較認可來源於個人經驗和閱歷這個答案吧。」這一次同學們都對麥庫姆斯導師的話做出了回應。

「從個人角度上來說這個答案用在這裡沒什麼問題，但如果我把問題上升到社會生活層面，這個答案是否還準確呢？社會生活中的環境保護問題、通貨膨脹問題、邊境衝突問題，這些問題的輕重緩急又要怎樣去判斷呢？這時候個人的經驗和閱歷依然有用，但明顯作用會小許多。」麥庫姆斯導師說道。

「我們每個人的視野和活動範圍都是有限的，這就使得很多事情無法透過我們的個人經驗和閱歷去進行判斷。我們關於當前大事及其重要性的認知和判斷，更多的來自大眾傳播媒介。它是我們重要的訊息來源，但同時也是我們重要的影響源。」麥庫姆斯導師解釋道。

「這就是『議程設置』理論想要說明的事情，下一節課我將為你們詳細解釋這一理論。」麥庫姆斯導師總結道。

第二節　為什麼我們會多次看到相同的新聞內容

「1968 年美國總統選舉期間，我和同時曾在北卡羅來納州的查珀爾希爾進行過一項調查研究。」麥庫姆斯導師說道。

「這是針對大眾媒體傳播效果的研究嗎？」林凱問道。

「當時我們的主要目的是了解大眾傳播媒體的選舉報導對選民造成的影響，從結果上來看，就是提出了『議程設置』理論。」麥庫姆斯導師說道。

「當時這項研究主要包括兩方面的內容：一方面是對選民進行抽樣調查，其目的是了解他們對當前美國各種問題及其重要程度的判斷和認知；另一方面則是對不同大眾傳播媒體在當時的政治報導進行內容分析。

當將這兩方面工作進行比對分析時，我們驚訝地發現，選民對當前重要問題的判斷與大眾傳播媒體反覆報導的問題之間，存在著非常緊密的關係。」麥庫姆斯導師強調道。

「是大眾傳播媒體的新聞報導吸引了選民的注意力嗎？」盧方娜問道。

「事情遠不止吸引選民注意力這麼簡單，我們發現那些大眾傳播媒體廣泛報導的內容，在大眾的判斷和認知中成為『大事』。而越是大眾傳播媒體著重強調的內容，選民對這些內容的重視程度也就越高。」麥庫姆斯導師說道。

「這不是很正常的事情嗎？」林凱疑惑地問道（如圖 16-2 所示）。

圖 16-2 「議程設置」的誘導影響

「這正常嗎？我覺得這很不正常。這位同學你知道為什麼我們會在大眾傳播媒體上多次看到相同的新聞內容嗎？」麥庫姆斯導師向林凱提問道。

「那肯定是這些新聞比較重要啊。」林凱回答道。

「難道別的新聞就不重要嗎？為什麼單單多次報導這一類新聞呢？」麥庫姆斯導師繼續問道。

「別的也重要，但肯定是被多次報導的更重要。不然新聞也不會多次報導。」林凱已經不知道怎麼回答麥庫姆斯導師的問題，只能翻來覆去論述重要程度的問題。

「在判斷一件事情是否重要時，我們是應該根據傳播媒介報導的頻次來判斷，還是根據事件本身的內容來判斷呢？」麥庫姆斯導師提出了新的問題。

「肯定是根據事件本身的內容來判斷。」盧方娜給出了準確的回答。

「很好，這樣做是正確的，但很多時候，我們很難做到。透過上面的研究，我和同事發現，大眾傳播具有幫助大眾設置『議事日程』的功能，大眾傳播媒體透過反覆的新聞報導和訊息傳播活動為各種『議題』賦予重要性，這種方式始終在影響著人們對社會事件及其重要性的判斷。」麥庫姆斯導師強調道。

「這樣說來，我們在網路上看到的很多訊息其實都是無關痛癢、並不重要的，是大眾傳播媒體的報導為它們賦予了重要性嘍。」馬鵬偉說道。

「試想一下，網路上報導的『某天深夜，兩男子酒後互毆，啤酒瓶子碎一地』的新聞，對大家而言有何重要性可言？」麥庫姆斯導師說道。

「這條新聞告訴我們『深夜不喝酒，喝酒別打架』的道理。」馬鵬偉又開始了無厘頭的玩笑。

「那為什麼不報導一條『某天深夜，兩群男子酒後互毆，啤酒瓶子碎一地』的新聞呢？從人數和影響上看，這種新聞的重要性不是更高嗎？」麥庫姆斯導師似乎也開起了玩笑。

「當時有這種新聞嗎？」馬鵬偉顯然沒想到麥庫姆斯導師會如此回答，他只得小聲回應道。

「相比於那些透過大眾傳播媒體報導的新聞，那些沒有被大眾傳播媒

體報導的新聞，在重要性上就一定差嗎？很顯然並不是這樣的，只不過是大眾傳播媒體為報導的新聞賦予了某些重要性，隨著報導頻次的增多，其為某些新聞賦予的重要性也會不斷增多。」麥庫姆斯導師強調道。

「大眾傳播媒體就是透過這種方式來為我們安排『議題』的嗎？這樣說來，那熱搜不就是一種『議事日程表』嗎？」齊悅如打通任督二脈一樣，瞬間理解了麥庫姆斯導師的理論。

「據我所知，熱搜是根據受眾的點擊量來對熱點排序的，但現在不是有『買熱點』的說法嗎，明星可以花錢把有關自己的事件炒熱，沖上熱搜第一位，這樣他在社會上的重要性就凸顯出來了。看上去很荒謬，但你們應該經常會遇到這種情況吧。」麥庫姆斯導師略顯無奈地說道。

「這樣來看，這種『議程設置』理論還真是可惡，這不是在誘導我們嗎？」齊悅憤憤地說道。

「『議程設置』理論是客觀存在的一種理論，並沒有好壞之分。在很多時候，它也有正向的社會價值的，這一點，我們留到下一節課再來講述。」麥庫姆斯導師總結道。

第三節　政府需要借助傳媒來推廣宣傳

「『議程設置』在一些時候也有一定的社會價值，這一點主要體現在政府的媒體宣傳上。在介紹這一內容之前，我們再繼續談論一些『議程設置』理論的深層次內容。」麥庫姆斯導師說道。

「關於大眾傳播媒介對社會成員的環境認知活動的影響這個問題，有很多傳播學者進行過研究，李普曼的『擬態環境』是相對比較早的研究探索，其與『議程設置』理論在某種程度上有著相似之處。」麥庫姆斯導師繼續說道。

「是因為『議程設置』理論也在塑造一種虛擬的環境嗎？」在麥庫姆斯導師停頓的時候，李文文問道。

「為什麼你會這麼認為？詳細說一說你的觀點。」麥庫姆斯導師對著李文文說道。

「根據前面幾節課的學習，我認為『議程設置』理論表明了大眾傳播媒體始終在塑造著一種『擬態環境』。比如經常報導打架鬥毆事件，就會讓受眾形成一種自己身邊比較危險的印象，但實際上他們看到的新聞內容並不是自己現實生活中發生的事，或者說是遠隔自己千里之外發生的事，不會對自己的生活造成實質影響。從結果上來看，大眾傳播媒介重新塑造了我們生存的環境。」李文文詳細說明了自己的想法。

「但大眾傳播媒體報導的確實是現實中發生的事情啊，如果它們進行虛假報導，肯定是不對的，但如果它們只是如實報導真正發生的事情，那受眾怎麼去想，與大眾傳播媒介又有什麼關係呢？」林凱似乎並不認同李文文的觀點。

「一隻南美洲亞馬遜河流域的蝴蝶偶爾搧動了幾下翅膀，就在兩週後引起了美國德克薩斯州的一場龍捲風。蝴蝶是有意的嗎？我們只是在強調一些行為的可能結果，並沒有追究對錯問題。」李文文針鋒相對地予以回應。

「那也跟大眾傳播媒體沒有關係。」林凱的回答表示他放棄了這次辯論。

「我所提到的『議程設置』理論其實揭示了一種媒介觀，其顯示大眾傳播媒體並不是一面鏡子，它並不會用『鏡子』一樣的方式反映所有客觀世界發生的事，它們在進行報導時更多的是在進行一種有取捨的選擇活動。

　　不同的大眾傳播媒體擁有不同的價值觀和報導方針，它們會在現實世界中發生的事件中，選擇那些它們認為重要的內容進行加工整理，然後再透過『報導事實』的方式把這些內容提供給受眾。這看上去似乎無可厚非，但實際上，其中隱藏著一個很危險的因素。」麥庫姆斯導師強調道。

　　「現代人大多都從大眾傳播媒介中獲得訊息，無論媒介所報導的『事實』是對社會現實的直觀反映，還是對社會現實的歪曲反映，都會對社會成員的環境認知活動產生影響。」李文文說道。

　　「沒錯，正是如此，這也是『議程設置』理論關注的內容。現在回歸到『議程設置』的社會價值這一點上，哪位同學可以談一談政府利用『議程設置』理論的例子？」麥庫姆斯導師問道。

　　「比較常見的就是政府經常會透過大眾傳播媒介宣傳一些愛國英烈的事跡，還有很多普通人的愛國故事，一些頻道每天都會播放這些內容。在一定程度上，這也算是一種『議程設置』了吧！」盧方娜說道。

　　「沒錯，除了這種比較明顯的報導宣傳外，還有很多並不顯著的宣傳內容。一些政府透過『議程設置』理論來開展輿論宣傳，引導輿論沿著正確的方向發展，這對於維護社會穩定具有重要的意義。」麥庫姆斯導師說道。

　　「另外，如果政府控制媒介宣傳法西斯獨裁思想，那人民不同樣會受到影響嗎？」馬鵬偉問道。（如圖 16-3 所示）

　　「當然，在過去的世界歷史中，這種例子比比皆是。但大家需要清楚，『議程設置』理論對人們的環境認知活動的影響是間接的，它不會直接指揮人們去做些什麼，更多時候它是透過累積和引發共鳴的效果，來影響人們行動的。」麥庫姆斯導師解釋道。

　　「這麼說我們也沒必要太過糾結於這一理論的內涵，只要儘量不受到它的不良影響不就好了嗎？」林凱問道。

圖 16-3 政府會借助傳播媒介進行宣傳

「相比於其他探討大眾傳播的影響和效果的理論，『議程設置』理論是相對獨特的。一方面，它並不是立足於某一次大眾傳播媒介的某一個新聞報導而產生的短期效果而開展的，它關注的是整體的大眾傳播媒體在較長時間內持續性報導所產生的中長期、可持續性的效果。另一方面，就是上面我們提到的『環境重構』對人們的影響。

我們沒辦法刻意迴避大眾媒體對我們的影響，我們只要了解其發生作用、產生影響的原理就好了。沒有哪一種理論所產生的效果是萬能的，人類社會始終在發展進步。」麥庫姆斯導師總結道。

第四節　議程設置功能並不是萬能的

「在『議程設置』理論出現之前，大眾傳播效果研究始終受到『有限效果論』的影響。『議程設置』理論的出現揭示了大眾傳播媒介的有力影響，將大眾傳媒效果研究從束縛中解放了出來。這也是『議程設置』理論的價值所在。」麥庫姆斯導師說道。

「在前面幾節課裡面，您介紹了很多『議程設置』理論的內容，但關於大眾傳播媒介究竟是怎樣設置『議程』的，您並沒有提到，可以給我們詳細講一下這方面的內容嗎？」李文文提出了一個重要的問題。

「你問的這個問題很好，它是重要的，但理解起來也比較困難，所以在講課中我故意濾掉了這些內容。既然你提出了這個問題，那我就簡單介紹一下。」麥庫姆斯導師解釋道。

「想要了解大眾傳播媒體是如何設置『議程』的，我們需要首先了解大眾傳播媒體對訊息的採集和加工過程。簡單來說，就是一版報紙是如何篩選新聞內容的。大眾傳播媒體在報導新聞內容時，會受到一些因素的影

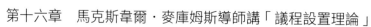

響與制約。至於究竟有哪些因素在發揮作用，我想先聽聽大家的答案。」
麥庫姆斯導師在解釋過程中拋出了一個問題（如圖 16-4 所示）。

傳播學家語錄：
大眾傳播可能沒辦法影響人們怎麼思考，但它卻可以影響人們去思考什麼。

圖 16-4 大眾傳播的「議程設置」魔力

「最直接的就是報紙的時效和版面限制。如果是新聞的話，那就是時長限制。」林凱第一個回答道。

「除了版面和時長，應該還有記者編輯們的價值觀和個人意識。」齊悅補充道。

「這兩方面因素都沒有問題，還有要補充的同學嗎？」麥庫姆斯導師問道。

「並不是什麼新聞都能上報的，有些東西是不能播的。」馬鵬偉回答道。

「很好，將其表述為報導內容要符合社會文化規範和價值標準要更好一些。」麥庫姆斯導師評價道。

「上面這些方面的因素就是影響和制約大眾媒介報導內容的重要因素，這也是為什麼社會上發生了那麼多事，有的事登上了報紙，而有的事

卻沒有登上報紙的原因。但一個完整的『議程設置』過程遠沒有這麼簡單，其背後還有更深層的因素在發揮作用，這一點應該是你們大多數人想不到的。」麥庫姆斯導師說道。

「是政治方面的因素嗎？」李文文問道。

「不僅僅是政治層面，還涉及經濟和意識形態等方面的因素，更要搞清楚占統治地位的訊息源與傳播媒介的關係。簡單來說，『議程設置』其實是輿論導向的一個重要階段，至於誰來導向、怎樣導向，就是更加寬泛的問題了。所以大家只要記住前面提到的一些因素就可以了。」麥庫姆斯導師似乎不想再深入講解其中的內容。

「我們知道，傳播效果形成需要經歷認知、態度和行動三個不同階段，『議程設置』理論主要關注的是認知階段，而認知階段的傳播效果與態度階段的傳播效果是完全不同的。」麥庫姆斯導師繼續說道（如圖 16-5 所示）。

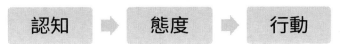

圖 16-5 傳播效果形成的三個階段

「是內在與外在的區別嗎？」盧方娜問道。

「具體來說應該是『想什麼』和『怎麼想』的區別。在認知階段，大眾傳播媒體主要是透過告訴人們『想什麼』，然後把人們的注意力引到特定問題上。而在態度階段，大眾傳播媒體則會透過告訴人們應該『怎麼想』，來強化或改變人們的看法。『議程設置』理論更多表現在認知階段，而不會過多涉及態度階段或行動階段。」麥庫姆斯導師解釋道。

「也就是說，在影響人們行為方面，『議程設置』的效果其實是有限的，對嗎？」盧方娜繼續問道。

「我覺得說是『基礎的』要更為貼切一些，『議程設置』帶來的累積效果將會對態度和行動階段造成重要影響。如果沒有這一階段的累積，傳播效果想要實現也沒有那麼容易。試想如果你要說服一個人改變想法，你是不是要先擺事實、舉例子，做好鋪墊後再進行勸說呢？」麥庫姆斯導師說道。

「確實是這麼回事。」盧方娜回應道。

「在當前我們生活的網際網路時代，這種『議程設置』功能是不是在逐步弱化呢？因為我們可以透過網際網路獲得更多不同角度的同類訊息。」李文文又提出了一個頗為複雜的問題。

「這種『議程設置』功能本就不是萬能的，但在當今時代就認為這種功能消退了，未免有些為時過早。你們在前面的課程中應該學習過『數字鴻溝』的內容，從那一理論來講，當前依然有很多人不會使用網際網路，這會導致他們與其他人的差距越來越大。『議程設置』理論對這類人的影響還是比較大的。」麥庫姆斯導師說道。

「而從另一角度來說，當前網際網路上的訊息碎片化越來越嚴重，每個人都可以作為訊息源去發布訊息，但你能確定他們所發布的訊息不是在為你設置『議程』嗎？你可能依靠訊息來源多元化過濾掉了一些他人為我們設置的『議程』，但也可能又因此進入新的『議程』之中。」麥庫姆斯導師解釋道。

「那這樣看來，在網際網路時代，『議程設置』的功能也隨之發展了。」李文文說道。

「從當前來看，與其說傳統大眾媒體的『議程設置』功能在不斷衰退，倒不如說在新的大眾傳播媒介加持下，『議程設置』理論發生了新的改變。當然，這一點就要靠你們去發現了，因為現在正是你們的時代。」麥庫姆斯導師總結道。

第四節　議程設置功能並不是萬能的

傳播學哪有這麼大眾！

知識鴻溝理論 × 沉默螺旋 × 媒介依賴 × 受眾分析 ×5W 模式，十六位傳播學大師來「放送」！

作　　者：梁萍

發 行 人：黃振庭

出 版 者：崧燁文化事業有限公司

發 行 者：崧燁文化事業有限公司

E-mail：sonbookservice@gmail.com

粉 絲 頁：https://www.facebook.com/
　　　　　sonbookss/

網　　址：https://sonbook.net/

地　　址：台北市中正區重慶南路一段六十一號八
　　　　　樓 815 室

Rm. 815, 8F., No.61, Sec. 1, Chongqing S. Rd.,
Zhongzheng Dist., Taipei City 100, Taiwan

電　　話：(02)2370-3310

傳　　真：(02)2388-1990

印　　刷：京峯數位服務有限公司

律師顧問：廣華律師事務所 張珮琦律師

定　　價：450 元

發行日期：2023 年 10 月第一版

◎本書以 POD 印製

Design Assets from Freepik.com

國家圖書館出版品預行編目資料

傳播學哪有這麼大眾！知識鴻溝理
論 × 沉默螺旋 × 媒介依賴 × 受
眾分析 ×5W 模式，十六位傳播學
大師來「放送」！ / 梁萍 著 . -- 第
一版 . -- 臺北市：崧燁文化事業有
限公司 , 2023.10
面； 公分
POD 版
ISBN 978-626-357-672-8(平裝)
1.CST: 大眾傳播 2.CST: 傳播學
541.83　112015079

電子書購買

臉書

爽讀 APP